ゴルフ

科学的パッティング

パットゼロ！

吉田洋一郎 著
Yoshida Hiroichiro

池田書店

はじめに

〝ゴルフの科学者〟を自認するアメリカPGAツアーの若手選手、ブライソン・デシャンボーは、最先端の計測器をトーナメントの練習グリーンに持ち込み、打ち出し角、スピン量、ミート率などパットのデータを詳細に計測しています。

彼が面白いのは、パターの振り幅で距離を割り出すところ。足元に置いた定規に沿ってボールを打ってそのときの振り幅を測り、ボールが転がる距離との相関関係をキャディに逐一チェックさせます。

たとえばヘッドが50センチ動いたら何メートル転がったのかを記録しておく。振り幅の誤差を徹底的になくし、ラインの傾斜も含めた距離感は計算で出す。データを拠り所にしたパットの完全マニュアル化を試みているのです。

スロープレーの警告を受けたのはそのせいでは？　と思うほどですが、いまのところ成

吉田洋一郎 著
Yoshida Hiroichiro

ゴルフ

3パットゼロ!

科学的パッティング

池田書店

績は右肩上がりです。

なぜデシャンボーを紹介したかといえば、このようなスタイルこそアマチュアの方のパット上達に向いていると思うからです。もちろん彼と全く同じことをやるのは無理ですが、その姿勢には間違いなく上達のヒントがあります。すなわち、自分なりにパットのフォーマット（基礎）を固めること。ここで言うフォーマットとは、構え方や打ち方といったテクニックだけでなく、パットについての基礎知識も含みます。

パットでは感性が大事といわれます。まぎれもない事実ですが、アマチュアの方は感性に頼りすぎるがゆえに3パットがなくならないこともまた事実です。つまり、感性を合理的に活かすための知識やスキルが足りていません。基礎的な知識とテクニック＝フォーマットを身につけてこそ感性は活きるのです。

では、どうすればいいか？　それをお伝えするのがこの本の役割です。

知識は知るだけでいいのですが、私はボールの回転や転がりのいいボールの仕組みといった点にもスポットを当てるべきだと考えます。仕組みがわかることで、なぜそうするかが

わかり目的意識が高まるからです。そこでアマチュアの方があまり着目してこなかったボールのスピードや回転について言及しました。

一方、テクニックの習得にはバイオメカニクス（生体力学）が役立ちます。人間の運動のすべては力学的法則にのっとって行われます。その法則に沿ってパッティングすることがバイオメカニクス的なアプローチです。本書ではこの観点から回り道することなく合理的にテクニックを身につける方法を解説しています。さらに、グリーン上での基本的な考え方なども紹介しました。

３パットの撲滅はロングパットの克服につきます。そのために考えていただきたいこと、最低限やっていただきたいことを書きました。かいつまんで取り入れていただいても構いません。誰でもすぐにできることばかりですので是非トライしてください。パット数がみるみる減ってくるはずです。

吉田洋一郎

CONTENTS

3章 転がりのいいボールを打とう ～ボールの転がりを科学で分析～ 47

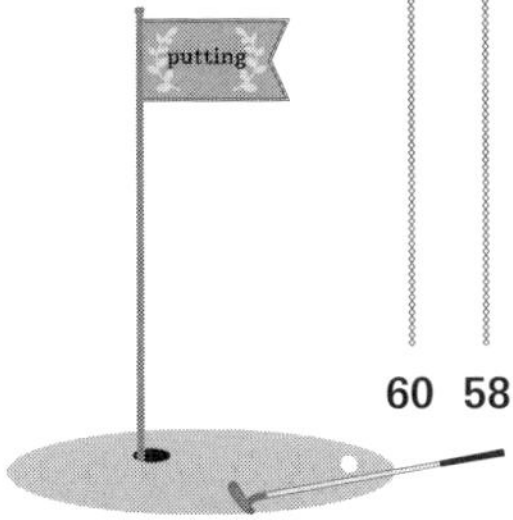

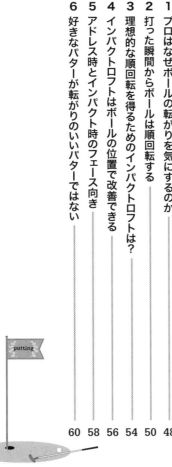

5章 バイオメカニクス重視でストローク
～安定したパットの獲得～ 97

address

chapter 1

1章

練習はメカニカル9割、コースは感性9割

～3パットゼロの糸口～

❶ パットは感覚だけではまかないきれない

うまい人と下手な人、3パットの内容に注目

言うまでもありませんが、プロとアマチュアの方では3パットの数が全然違います。同じアマチュアゴルファーでもうまい人ほど3パットが少ない。3パットの数は直接ゴルフのレベルに反映されるのです。

とはいえ、プロや上級者でも3パットはします。注目すべきはその内容で、プロが3パットをした場合には大抵、〝さもありなん〟と思える理由があります。勝負を懸けてバーディやイーグルを狙いにいったパットがオーバーして返しを外したり、単純に難しいラインのロングパットだった、といった具合です（たまにはポカもありますが……）。

これに対してアマチュア、特にアベレージゴルファーの3パットには、〝どうしてそうなるの？〟と首をかしげてしまうようなものが多いです。カップを挟んで〝往復ビンタ〟しかり、ボ

ールが段を上りきらなかったり、下りのショートパットを、〝カツーン！〟と強く弾いてしまい、ファーストパット以上の距離を残すのもしかりです。

3パットが多い人は感覚だけで打っている

結果的に3パットになるのは仕方がありません。しかし、パット数が多い人の大半は、ケアレスミスや無駄なことをしています。いわば、なるべくして3パットになっているケースがとても多いのです。

なぜそうなるかと言えば練習しないから。一刀両断で恐縮ですが、どんなことでも、どんなに才能あふれる人でも、練習なしでレベルアップは望めません。ですから練習がマストだということは、はじめに言わせていただきます。

加えて、3パットが多い人は感覚だけで打っている場合が多いです。感覚が合っているときは、そこそこのパット数で収まりますが、それ以下にはなりません。逆に合わないと3パットを連発する。感覚はパットに不可欠ですが、それだけではまかないきれません。

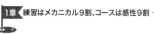

② 基本と感覚のコラボが上達の条件

テクニックも大事だが知識を増やすことも大事

感覚と並行して必要なのがフォーマット（基本）です。ここで言うフォーマットとは、テクニック面のみならずパットについての知識も含みます。

テクニック的なフォーマットとは、簡単に言うとアドレスやストロークの仕方です。どんなスタイルで打ってもいいのがパットですが、プロのパッティングスタイルを見ると、形はある程度集約されます。カッチリしたものではないとしても、最大公約数というか方程式的なものが存在します。

うまい人のスタイルを踏襲するのは上達の近道です。あまり練習できないアマチュアの方にはなおさらなので、方程式的な部分だけでも身につけるべきです。

一方、知識のフォーマットとは、パットについての常識とでも言うべきことです。〝転がりのいいボール〟とはどんな打球なのか、ヒットしたボールはどう飛ぶかといった物理現象や、直面しているパットがカップインする確率はどれくらいか、といったデータ面、さらにはグリーンに関する知識など広範囲にわたります。

パットについての知識を得て頭の中を整理する

上達しない原因は練習不足と前項で述べましたが、私の言う練習とはこれらすべてを含みます。ボールを打つことだけが練習ではない。知識を増やして正しい考え方に自分を導くことも大事な練習で、実はその部分が足りないアマチュアの方が多いです。だから内容の悪い3パットになってしまうのです。

まず必要なのは、パットについての知識を得て頭の中を整理すること。そして、取り入れた知識に沿ってテクニックのフォーマットを身につけることです。

ショットに比べると少ない練習量で上達できるのがパットです。知識と基本を身につけ、感覚をうまくコラボさせれば、誰でもプロくらいのレベルになれる可能性があります。

❸ 打ち方は十人十色でも打つたびに変わるプロはいない

パットが罪作りなのはカップインしてしまうこと

3パットを誘発する原因の一つに無駄な動きがありますが、それを生む最大の理由はパッティングフォームが固まっていないことです。

パットが不安定な人の多くは、打つたびにフォームが変わります。アドレスの形も変われば、ボディアクションも変わる。そのせいもあってインパクトが強くなったり弱くなったり、フェースが閉じたり開いたりします。

パットが罪作りなのは、それでもカップインしてしまうことです。人間誰しも、〝入ればよし〟とする心理が働きます。パットが不安定な人や練習しない人ほどその傾向が強いようで、そこから前進しようとせず、〝パットに形なし〟を曲解したかのようなプレーを繰り返します。スコアアップを目指すならこれは論外。パッティングスタイルは十人十色ですが、打つたびに変わるプロはいないからです。

フォームを固めると正確にボールをヒットできる

フォームを固めるとは、感性ではないところをしっかり構築するということです。システムを作ると言ってもいいでしょう。システムができていないのは、練習不足よりも知識不足によるところが大きいのです。

どんな打ち方でもパットはできます。スライスやフックもしなければ、ひどいダフりやトップもありませんから、とりあえずカップの方向にボールを転がせます。

しかし、本来は極めて繊細なコントロールが要求される分野。ターゲットが小さくグリーン面にも影響されるので、より正確にヒットすることが必要になるわけです。

フォームが固まると、これができるようになります。ただ、これまで使っていなかった体の部分を使うので知識が必要になります。個々の感性は欠かせませんが、メカニカルな部分ができてこそ生きるのが感性なのです。

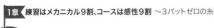

❹ パットでは感覚的に鈍い部分を使う

手先の敏感さはパットにおいてデメリットになる

予備知識なしでグリーンにあるボールをパターで打とうと思ったら、誰もが手先を使います。手首を右に折ってヘッドを上げ、それを戻してボールにぶつける。打った後は手首が左に折れるかもしれません。これは自然なことです。

しかし、この打ち方だと安定して同じ動きを繰り返すことができません。手首はクルクル動きます。また、手は指先にまで神経が張り巡らされていて意思が伝わりやすいため、ちょっとしたことで動きが変わってしまう。この敏感さがパットにおいてはデメリットになります。細かい正確性が必要なパットほど、感覚的には鈍い部分を使うべきなのです。

ということで、フォームを固定して無駄な動きをなくすには体をメインに使うことです。ショットで定着しているこの考え方は、パットではさらに大切です。

体をメインに使えると、ショットもよくなります。あばら骨を中心とする胸郭部分が動き、腕もこれにシンクロするからです。

ショットもこれと全く同じ動き。単純に振り幅が大きくなるだけですから、ショットに通じてくるわけです。とりわけその動きがダイレクトに伝わるアプローチでは、効果を実感できると思います。

体をメインに使うと無駄な動きをなくせる

手先は器用で手首の可動範囲も広いので使いやすい。反面、意図する以上に動いたり、過敏に反応するリスクも。パットでは後者がデメリットになるため体をメインに使いたい

⑤ 練習はメカニカル9割、コースでは感性9割

メカニカルな部分ができてこそ感性が生きる

パットの上達を望むのであれば、コースに出るまでとコースに出てからではやり方をガラリと変えるべきです。コースに行くまでは9割の時間をメカニカルな練習に割いたほうがいい。アドレスやフォームを固めてストロークを安定させるなど、基本を構築するべくメカニカルな部分の練習を徹底します。

しかし、ひとたびコースに出たら、打ち方どうこうといったメカニカルなことは考えません。感覚を研ぎ澄ませたり、イメージングすることに9割集中します。

というのも、ボールをコントロールするのは、おおむね感覚的な部分だからです。グリーン自体はもちろん、コンディションも毎回違いますから、適応するには感覚的な部分に頼るしかありません。

ただ、メカニカルなところができてこそ感性が生かせるのも事実です。メカニカルな練習を積んでオートマチックにパターが動くようになれば、感性とストロークがダイレクトにつながりパットをコントロールできるようになります。

ボールスピードをイメージしたほうが合理的

振り幅から転がる距離を割り出す、たとえば右足前までヘッドを引いたら何メートル転がる、とマニュアル的に距離感を出す方法もあります。しかし、ストロークスピードやテンポが一定ならばボールスピードはイメージできますから、そこから逆算して振り幅が決まるほうが合理的ですし、距離や傾斜にも対応できます。

何より、打つ段になって振り幅を、ああでもない、こうでもないとやっていたらおかしくなるばかりです。ストロークのスピードをイメージする人は多いと思いますが、ボールスピードをイメージしている人は少ない。いわゆる手打ち的な感じの人は、すごく速く振ってパチンと打ってしまいます。それで「行っちゃった！」となり、次は緩んでショートします。結局ボールスピードをイメージしないことが問題なのです。

⑥ カップを狙ってばかりではよくならない

結果よりもイメージ通りに打てたかが大事

プロは自分のパットについて、「入ったけれど気持ち悪い入り方だった」、「外れたけれどイメージ通りに打てた」というようなコメントをすることがあります。

「気持ち悪いってどういうこと?」、「入らなくてもいいの?」と思うかもしれませんが、これはプロがカップインオンリーでパットしていないことのあかしです。

「気持ちが悪かった」のはイメージ通りのパットにならなかったからです。もっと転がるはずなのに転がらなかった、カップの右に打ったはずなのに真っすぐ出て入ってしまった、という感じです。結果はカップインでもイメージと現実の間にギャップが生じたので気持ちが悪い。場合によっては修正を加える必要があります。

「外れてもイメージ通りに打てた」のなら入らなくても迷いません。外れた原因はストローク以外のところにあってパット自体は悪くない。心を乱すこともないでしょう。いずれにしてもプロはパットを結果だけで見ずに、このままでいいか修正すべきかを判断しています。

アマチュアは行き当たりばったりで打っている

これに対しアマチュアの方は、目先の結果に振り回される傾向が強いです。カップインだけを考えていますから、外したときには悔しさしか残らず心がかき乱されます。そうなった原因を考える冷静さもないでしょう。

また、前のホールはショートしたから次は強めに、といったように、行き当たりばったりで打っている人も多いです。これだと結果的にカップインしてもその場限り、いわば偶然で後には何も残りません。常にカップに合わせて打ちますから自分のタッチはないも同然。こうなるとパットは悪くなる一方です。プロが、〝打てば入る〟、いわゆるゾーンに入れるのは自分のタッチで打てているからで、カップインを狙っているからではないのです。

7 ミドルパットとロングパットは同等に扱う

ミドルパットのカップイン確率はPGAツアーでも3割程度

パットで一番無駄なのは、ミドルパットと言われる3〜5メートルくらいでカップインを狙うことです。

この距離のパットが入る確率は、アメリカPGAツアーでも高い選手で3割程度。世界のトップでもこの数字ですから明らかに狙うべきではないのに、みんな「チャンスだ！」とばかりに勇んで3パットするパターンが多いです。アマチュアの方のカップインパーセンテージはプロをはるかに下回っています。まずは、この事実を頭に入れておきましょう。

さて、ここでこの本におけるパットの距離を定義づけておきましょう。パットの距離は以下のようにします。

◆ショートパット　2メートルまで

◆ミドルパット　2メートル以上10メートルまで
◆ロングパット　10メートル以上

お話しした通り、ミドルパットは入る確率が低いので、その目的はロングパットと一緒で寄せることになります。ショートパットとロングパットの違いは、狙っていいパットか狙ってはいけないパットか、あるいは、入れにいくパットか寄せるパットかの違いと考えていただければいいでしょう。傾斜などの不確定要素は省き、シンプルに距離だけで考えてください。

記憶を辿っていただくと、ほとんどの方は3～5メートルの距離から3パットした経験があると思います。PGAツアーのデータが示している通り、ミドルパットはカップインを期待すべきでない距離。期待して狙いにいくとロクなことがなく、入ればラッキーくらいに考えたほうがいい結果になります。

気合いを入れたところで何も変わらない

もちろん提示した距離はあくまで指標です。要はマイルールを作っておいたほうがいいということです。でないと、どれもが「狙っていいんじゃない」的なパットになり、その距離も伸びていきます。プロでも入らないという絶対的な根拠があるにもかかわらずです。

距離が2メートル以上のパットはどんなことがあっても狙わず、寄せるだけで入ればラッキーとします。これが私の示す距離に対する指標で、この距離は1メートルでも1・5メートルでも構いません。

パットは期待しても入るかどうかわかりません。期待を膨らませて入らなければ、ガッカリの度合いは大きくなります。さらにバーディ外しよりパー外し、ボギー外しと結果が悪いほどダメージが増幅します。もちろん直接スコアに反映されるだけでなく、メンタル的にも大叩きの呼び水になるでしょう。

それならば最初から期待しないほうがいい。気合いを入れたところで何も変わりませんから、いい意味であきらめたほうがいいと思います。でも、ネガティブになるのではなく、いつも通りに淡々とやる。そのために必要なのがマイルールなのです。

chapter 2

2章

距離感を身につける

~加速、惰性、減速。3つのボールスピードをイメージ~

1 入れることよりもボールをどこに運ぶかが大事

寄せにいくパットのほうが断然多い

パットはカップに入れるもの、というイメージが強いかもしれませんが、現実的には入れにいくパットは多くなく、カップに寄せにいくパットのほうが断然多いです。プロでも状況によってはそうなるものですからアマチュアの方はなおさらです。

当然ながら、カップに入れるイメージしかないとボールを止めることは考えません。〝届かなければ入らない〟の精神で打つのはいいですが、オーバーすると「おいおい、どこまで行くんだよ！」となります。これはボールを止めるイメージがないからにほかなりません。カップを意識して慎重になりすぎて大ショートするのも同じです。

ファーストパットが寄らなければ、次のパットが入る確率は低いままですから、スコアアップを考えたら寄せて無駄な一打を減らすほうが合理的です。もちろんファーストパットの距離にもよりますが、それについては後述します。

たとえば、「下りのパットをカップの手前数センチのところに運ぶ」、「上りを20センチオーバーさせて止める」というようにタッチを合わせると、たまたまカップインする可能性があります。たとえ入らなくても、考えた通りに打てれば2パットで収まるでしょう。こうして3パットのリスクを減らすことが、結果的にスコアの底上げにつながるのです。

入れるよりボールを止めることを考える

グリーン上では圧倒的に寄せにいくパットが多い。入れにいくと大きく外すことも多いので3パットのリスクが減らない。ボールを止めることを考えるとスコアアップに直結する

② ボールを止めるイメージが距離感を養う

止めることを考えると打つ距離をイメージするようになる

ボールを止めることを考え、そこに運ぶようにすることの効果は、3パットを防ぐだけにとどまりません。パットにおいて一番大切な距離感が身につきます。

カップインオンリーで打つと、強めでも弱めでも入ることがあります。それゆえ、本当の意味での距離感が養成されません。

その点、ボールを止めることを考えて打つと常に打つ距離をイメージします。カップの先20センチのところに止めるつもりで距離をコントロールしたなら、途中でカップに吸い込まれても、その距離を打てたかどうか何となくわかります。逆にボールがカップの手前で止まってしまえば、明らかにイメージした距離を打てなかったということ。結果にかかわらず、距離感はこうやって養われていくのです。

全てのパットで打つ距離をイメージする

カップインだけ考えると距離をイメージしないが、止めるイメージをもつと打つ距離をイメージする。こうすることで本当の意味での距離感が養われる

❸ ボールスピードのコントロールが距離感に直結

スピードをコントロールできる＝タッチが出せる

なぜ狙ったところにボールを止めるように打つと距離感が養われるのかと言えば、打球のスピードをイメージするようになるからです。

たとえば10メートル先にボールを止めようとしたら、ある程度速いボールを打たなければなりません。でも、2メートル先に止めるなら速くなくていい。このスピードコントロールがパットの距離感に直結します。ボールスピードをコントロールできる＝タッチが出せる、というわけです。パットではボールの転がりが重要視されますが、これはひとえに回転がスピードを左右する要素だから。転がりを気にする理由はほかにもありますが、多くはボールスピードを適切にコントロールするためです。

ボールのスピードをコントロールする

この距離なら
この速さ…
ボールのスピードを
コントロール

ロングパットでは速いボール、ショートパットでは遅いボールを打つ。「タッチを出す」とは、距離によってボールのスピードを細かくコントロールすることだ

❹ 方向性のブレより距離感のブレが3パットを生む

ミドルパット以上はタテの距離だけ考える

カップインを狙うショートパットはタテ（距離感）とヨコ（方向性）を考えますが、ミドルパット以上ではとりあえずタテだけ考えればOKです。アマチュアの方の場合、タテのミスが圧倒的に多い。ロングパットをヨコに10メートル外すことはありませんが、タテに10メートル外すことは十分ありえます。5メートルでもヨコのブレは少なくミスは大抵ショートかオーバー。ですから、まずはさておきタテ距離にフォーカスします。詳細は後述しますが、タテの距離感が出てこないとラインも読めません。一方、入れにいっていいショートパットではヨコも大事です。前章でお話しした通り、私のマイルール距離は2メートル。機会があったら、2メートルを10球続けて打ってみてください。同じところから打っても入る確率の低さに愕然とするはず。傾斜があるところでカップを一周するように360度の角度から打ったら半分も入らないと思います。PGAツアーの選手は1メートルのパットを95％の確率で入れますが、アマチュアの方の1メートルの確率はその半分以下です。2メートルのパットなら30％以下になると思います。この確率が10％上がればスコアは良くなります。できれば1メートルの決定率を80％以上にしたいところです。100％入る可能性がある距離はせいぜい30センチくらいですから、50センチも確実ではないという心がけで臨むことが大事です。

アマチュアは距離のミスが圧倒的に多い

よほどの傾斜でない限り方向を大きく外すことはないが、大オーバーやショートはよくある。入れにいくショートパット以外はタテの距離を合わせることに集中しよう

⑤「加速」、「惰性」、「減速」の3つでスピードをイメージ

どこで減速して止まるのかをイメージする

ボールのスピードをイメージする際には、打ってから止まるまでを3つのパートで考えましょう。打ったボールのスピードは徐々に落ちます。それを打ち出し（加速）部分、そのあと惰性で転がる部分、そしてもっとも遅い減速の部分の3つに分けるのです。

パットを打ち続けているプロは習慣

的にこのイメージを作っていますが、アマチュアの方は意識して習慣づけなければなりません。

それにはまず、どこで減速して止まるのかをイメージします。そして減速したボールをカップ周りで止めるにはどれくらいの加速が必要かをイメージするわけです。

プロはパットを打つ前にカップ周りを見ます。ボールが減速するとカップ周りの影響を大きく受けるから。言い換えれば、それに合わせたスピードのボールを打つわけです。

減速域から逆算して加速域をイメージする

ボールスピードは打ち出し(加速域)、惰性で転がる部分、減速域の３つに分けてイメージ。減速域から止まる位置を推測し、そこから逆算して打ち出しスピードを割り出す

❻ 上り、下り、平らで3つの割合を考える

上りでは加速域、下りでは惰性域を長くとる

「加速」、「惰性」、「減速」の3つの割合はその都度変わりますが、まずは上り、下り、平ら、大きく3つで考えましょう。

上りのパットではボールが減速していきますから打ち出しで加速させなければいけません。加速域→惰性域→減速域の順にその幅が長くなります。

下りのパットではボールが加速するので加速域は短くていい。惰性域を一番長くとって加速域と減速域の割合を考えます。これができないといつまでも転がるので、どれくらいオーバーさせるのか、より具体的なイメージが必要です。

平らなラインでは距離によってそれぞれの割合が変わります。ロングパットほど加速域は長くなりますが、長さは人それぞれです。

厳密に言えば同じイメージのパットは一つもありません。ただ、似たような転がり方をするケースはたくさんありますから、数を打つほど経験値は増えていきます。何も考えずに数を打つよりはるかに早くスピード感＝距離感が身につきます。

ボールスピードのイメージなきところにラインなし

ボールスピードを意識しないプロはいません、と言うか無意識下でスピードをイメージしています。でないとラインが決まらないからです。

アマチュアの方とラウンドすると、いきなり「このラインはどうですか？」と聞かれることがありますが、正直答えに窮します。

なぜなら、どれくらいのスピードで打つのかが前提にないからです。「強気でオーバーめに打ちたいけど、どこを狙えばいい？」とか「50センチくらい膨らませて打ちたいけれど、どこに打てばいい？」といった聞き方をしてもらわないと答えようがありません。ボールスピードのイメージなきところにラインはないのです。

上りのパットは加速域を長くとる

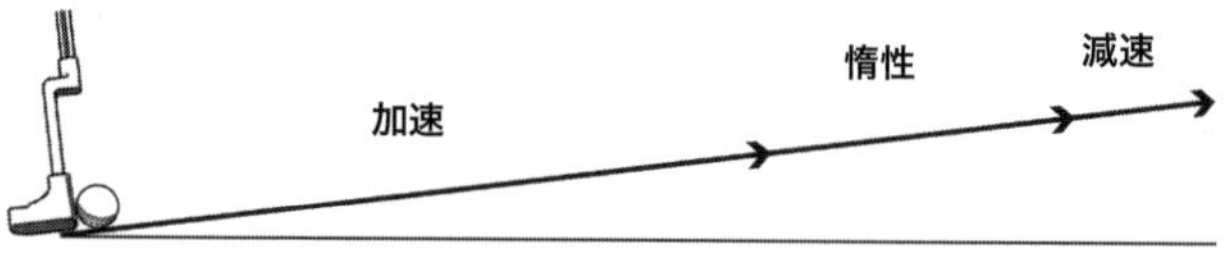

減速する一方の上りは加速域を長くとる。加速域→惰性域→減速域の順にその割合が多く、傾斜がキツいほどその傾向は顕著になる

下りのパットは惰性域を長くする

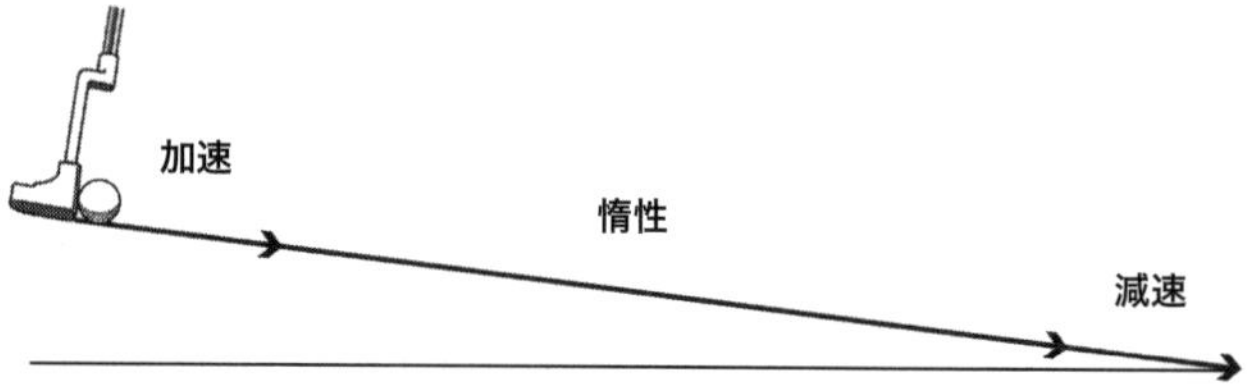

下りでは加速する一方なので加速感が短い。もっとも長い惰性域をイメージしてから加速域と減速域の割合を考える

ラインはボールスピードの先に浮かび上がる

パッティングラインはボールスピードによって変わる。速ければ曲がらず遅いほど曲がる確率が高い。ボールスピードのイメージがなければラインは決まらない

7 適正なボールスピードはイメージしているより遅い

思ったよりも遅いけれど思ったよりも転がる

漠然とした表現になりますが、適正なボールスピードは、みなさんがイメージしているより遅いと思います。

だからといって、失速して急激に減速するわけではありません。「思ったよりも遅いけれど思ったよりも転がる」というのが一つの指標になると思います。

このようなボールを打つには、ストロークを体でコントロールすることです。手首を使って打つとインパクトで〝パチン!〟とパンチが入ってボールに急加速がかかるのですが、思ったほど転がりません。また、強めに当たるのがわかっているので、インパクトが緩みやすい弊害もあります。

さらに、打ち出しが速くなるためラインに影響されるパットが打ちにくい。目標に対して直線的に打つのはシンプルでよさそうですがオーバーするリスクも大きくなります。ひとたびオーバーすれば次は緩みます。この繰り返しになって迷宮に入ります。

体を使うとスピードをコントロールできる

体を使ってストロークすると、パチンと打たなくてもしっかり転がるボールが打てるようになる。するとボールスピードもコントロールできるようになってくる

パンチが入るとボールの回転は不規則になる

その点、体をメインに使って打てると、出球は遅いけれど強い球になります。ゆっくりでもズンズン前に進む感じのボールになります。ロングパットになるほど球速は増しますが、それでもトータル的には思ったより遅く感じると思います。

何よりボールの転がりがよくなります。ラインに乗せるためにもボールの転がりはよくなければいけません。パンチが入るとボールの回転は不規則になります。いわゆるヨレた球になって直進性が著しく殺がれるのでラインに乗りません。

ということで、次の章ではボールの回転についてお話ししましょう。

chapter 3

3章

転がりのいいボールを打とう

～ボールの転がりを科学で分析～

❶ プロはなぜボールの転がりを気にするのか

ボールがきれいにタテ回転するほど直進性がアップする

ショットと違い、パットでは打ち方でボールが曲がることはまずありません。もちろんスライスボールもフックボールも打ちません。アメリカPGAツアーのダスティン・ジョンソンのように、若干スライス回転をかける感じでカットに打つ選手はいますが、これは高速グリーンでスライス回転を入れると球の勢いがいい具合に殺がれる効果を狙ってのことで、ボールを曲げようとしているわけではありません。

つまり、狙ったところに転がりのいい球を打ち、スピードのコントロールができればカップに寄る、あるいはカップインする可能性が高まる。ただ、そのぶんショット以上に狙ったターゲットに向けて真っすぐ打ち出すことが求められます。

これを実現するには、ボールに対して目標方向に規則正しいタテ回転を与える必要があります。きれいにタテ回転するほど打球の直進性がアップするからです。

パターで打ったボールもキャリーとランで構成される

ボールに少しでも斜めの回転が入ると転がりが不安定になり、いわゆるヨレたボールになります。そのためプロはボールの転がりをすごく気にします。

ご承知の方も多いと思いますが、ほかのクラブと同様にパターでも、打った瞬間にボールは宙に浮きます。パターで打ったボールもキャリーとランで構成されるのです。

こうなるのはパターフェースに2～4度のロフト角がついているからです。ロフト角が必要なのはグリーンに沈んだ状態からボールを脱出させるためです。芝が短くて硬いグリーンではボールが沈んでいるように見えませんが実は微妙に沈んでいます。そのため最低でも2度のロフトが必要とされると言われています。ボールの転がりは、おもにボールの飛び方やキャリーの距離によって変わるとされています。

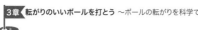

❷ 打った瞬間からボールは順回転する

ヘッドの入り方がボールの回転に大きく影響する

この章では本間ゴルフのご協力で得られたデータをもとに話を進めます。

同社認定フィッターでクラフトマンの寺下智也さんによると、打ったボールは平均して約3インチ（7・62センチ）前に飛び、バウンドして転がりはじめるそうです。

打った瞬間からボールは順回転しますが、インパクト時のヘッドの入り方によって

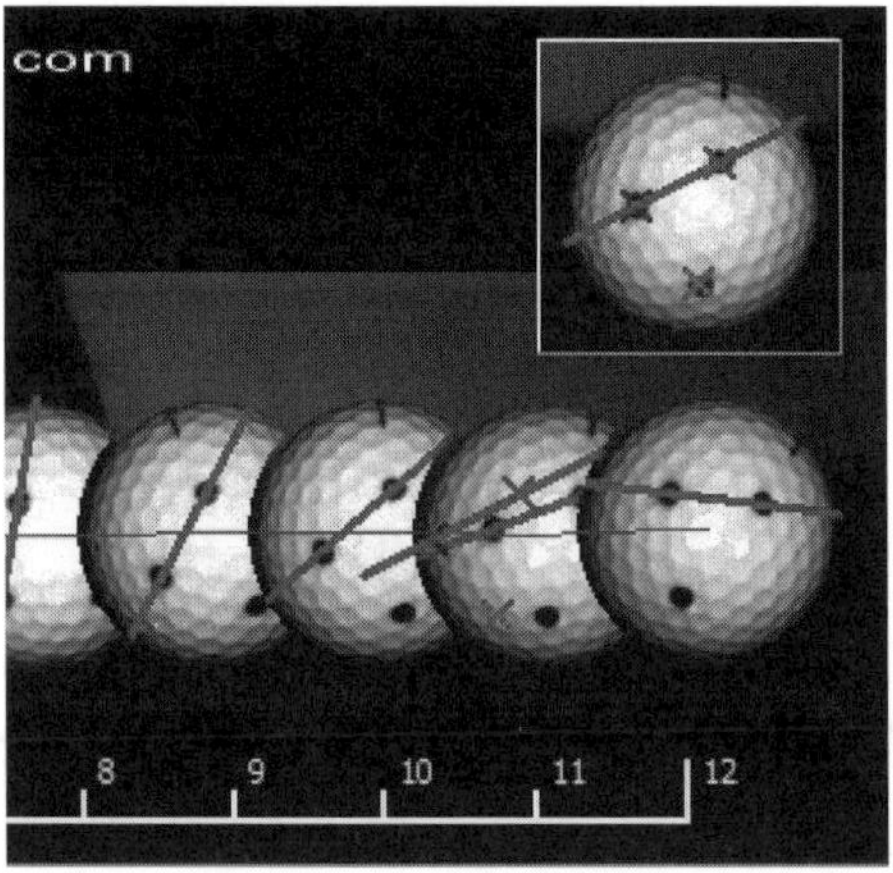

はジャンプの仕方が変わって、その後のボールの回転に大きく影響するということ。

適正な軌道とロフト角でヒットできると、ボールは適度にジャンプしてグリーン上を順回転しはじめます。それを可視化したのが下の写真で、静止状態から約30・5センチ転がるまでを示しています。こうなるとピュアに近いタテ回転がかかる。小さな振り幅でもよく転がるといいます。

これに対し、ヘッドが上から入るとロフトが立って当たりボールが跳ね上がります。逆に、下からすくう動きでインパクトするとロフトがつきすぎます。これらの現象を写したのが次ページの写真です。

打った瞬間からボールは順回転をはじめる

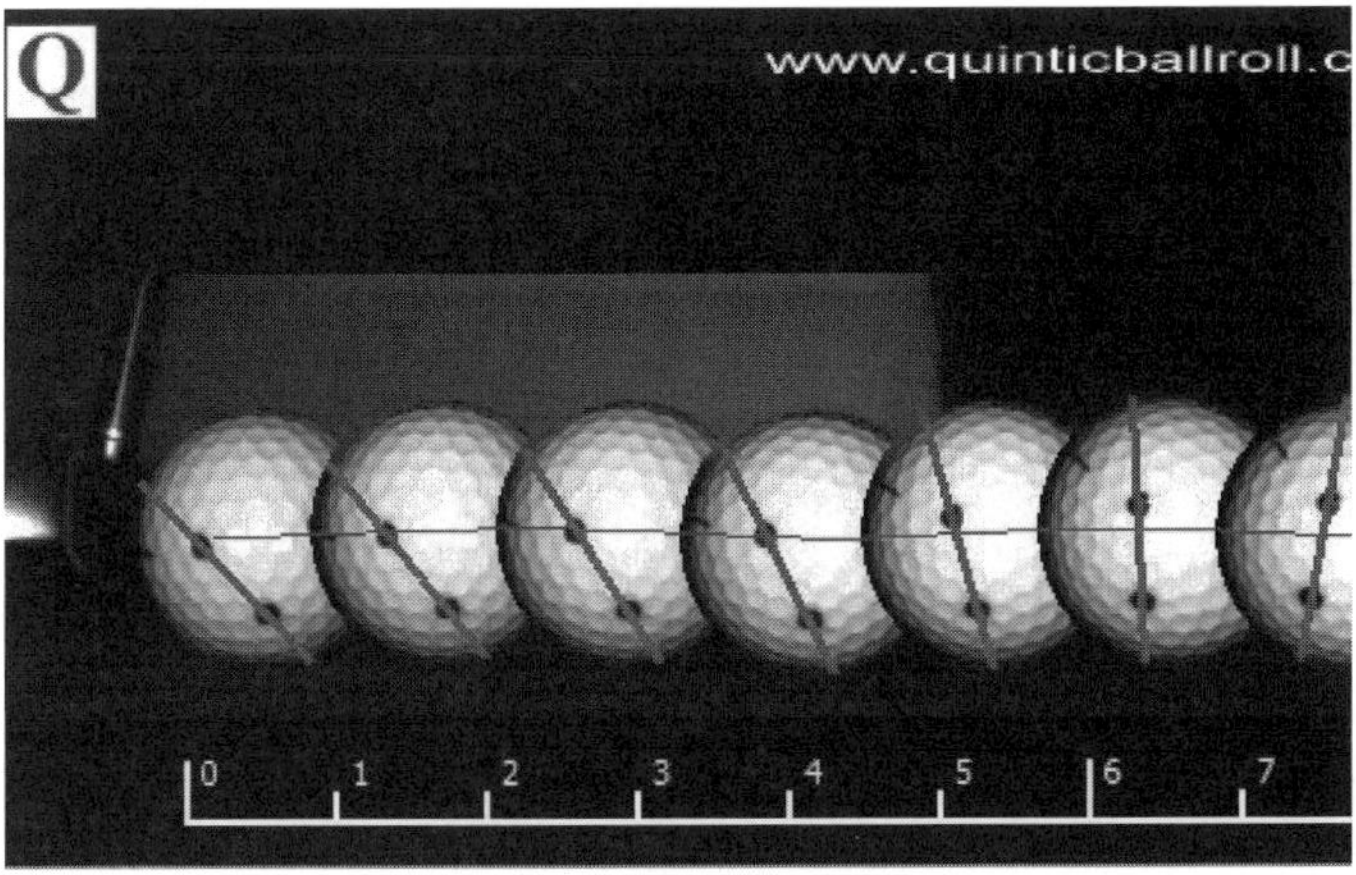

インパクト後、ボールは宙に浮いて約3インチ前に飛び、バウンドして転がりはじめる。
適正ロフトでヒットすると打った瞬間から順回転がかかってボールが高く浮かない

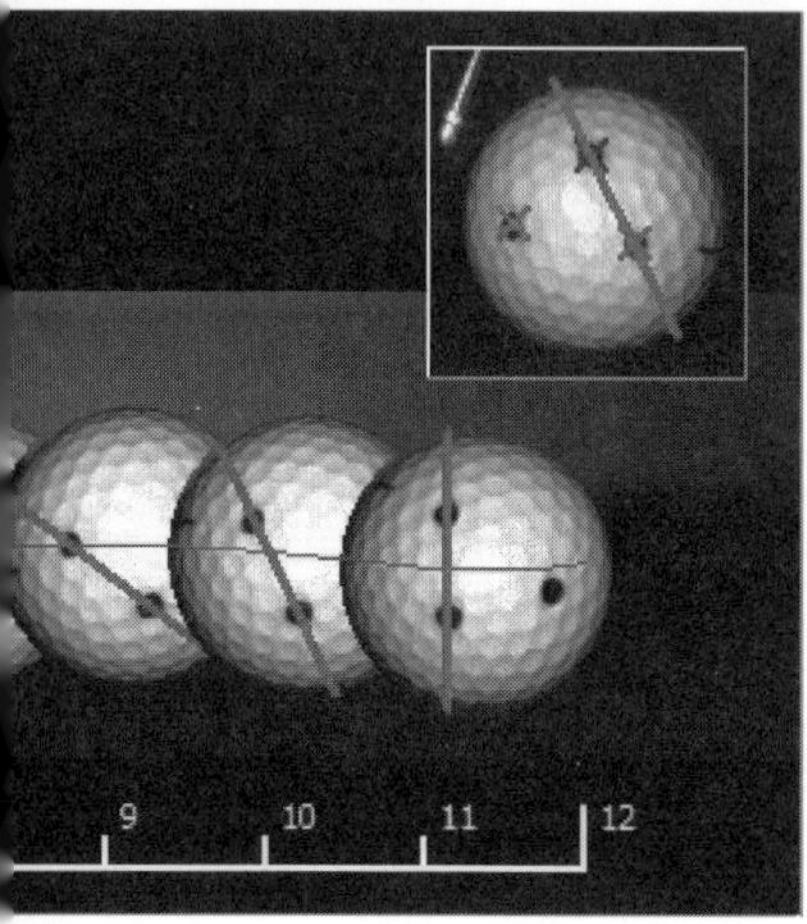

インパクトの瞬間ボールはジャンプするが、ヘッドが上から入ると真上に跳ねるような形で浮くため順回転が阻害される。打ち出しは勢いがあっても途中で失速する

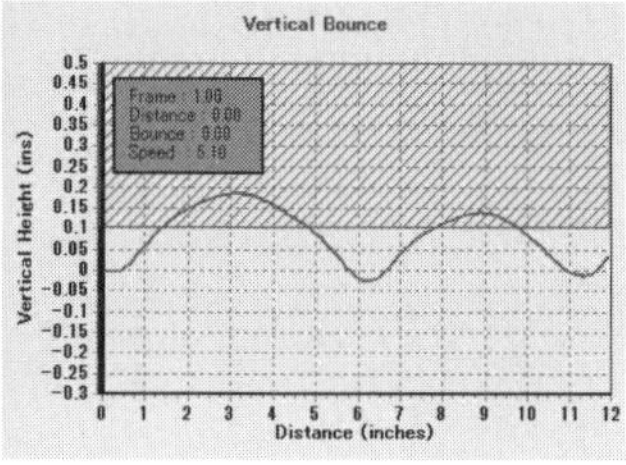

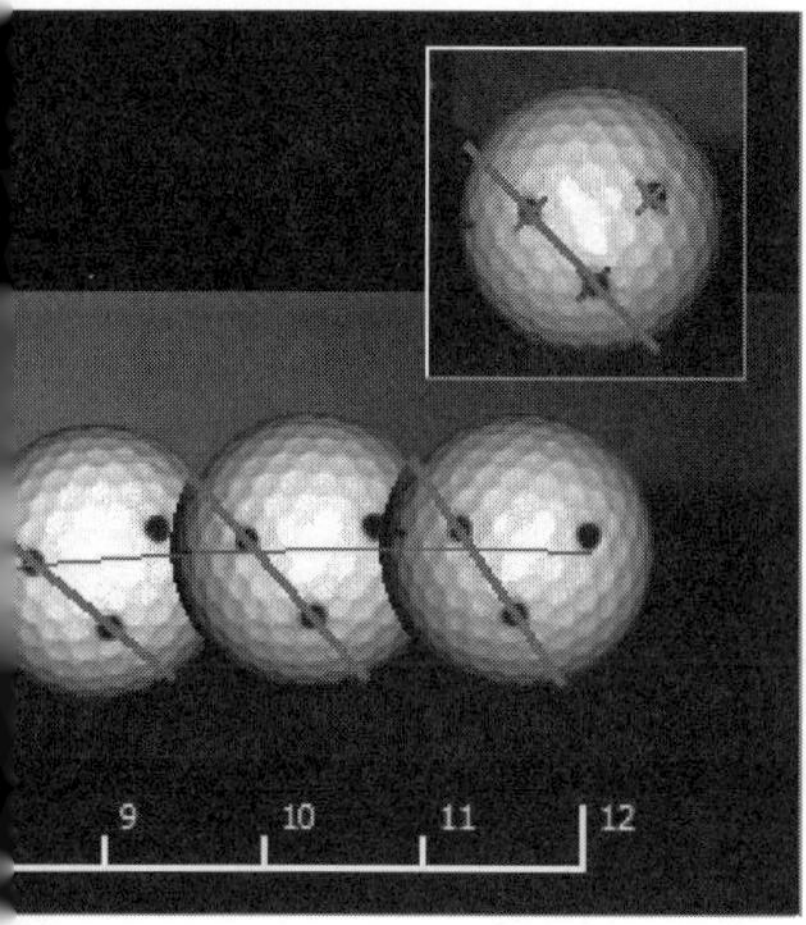

アッパーブローの度合いが強いとインパクトロフトが大きくなって打った瞬間ボールが上がる。ボールが宙に浮きすぎると推進力が失われて転がりが悪くなる

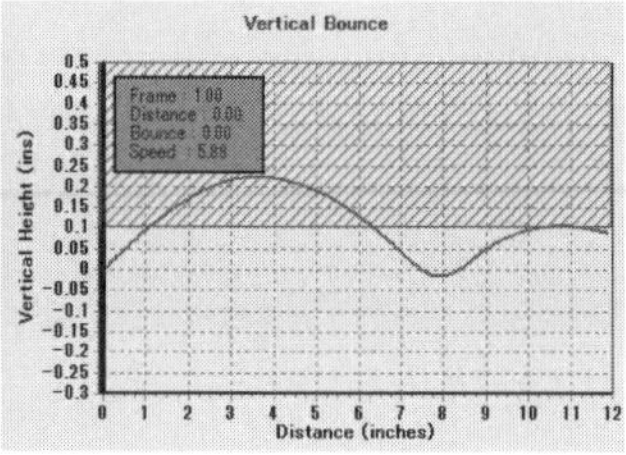

ヘッドが上から入ると途中で失速する

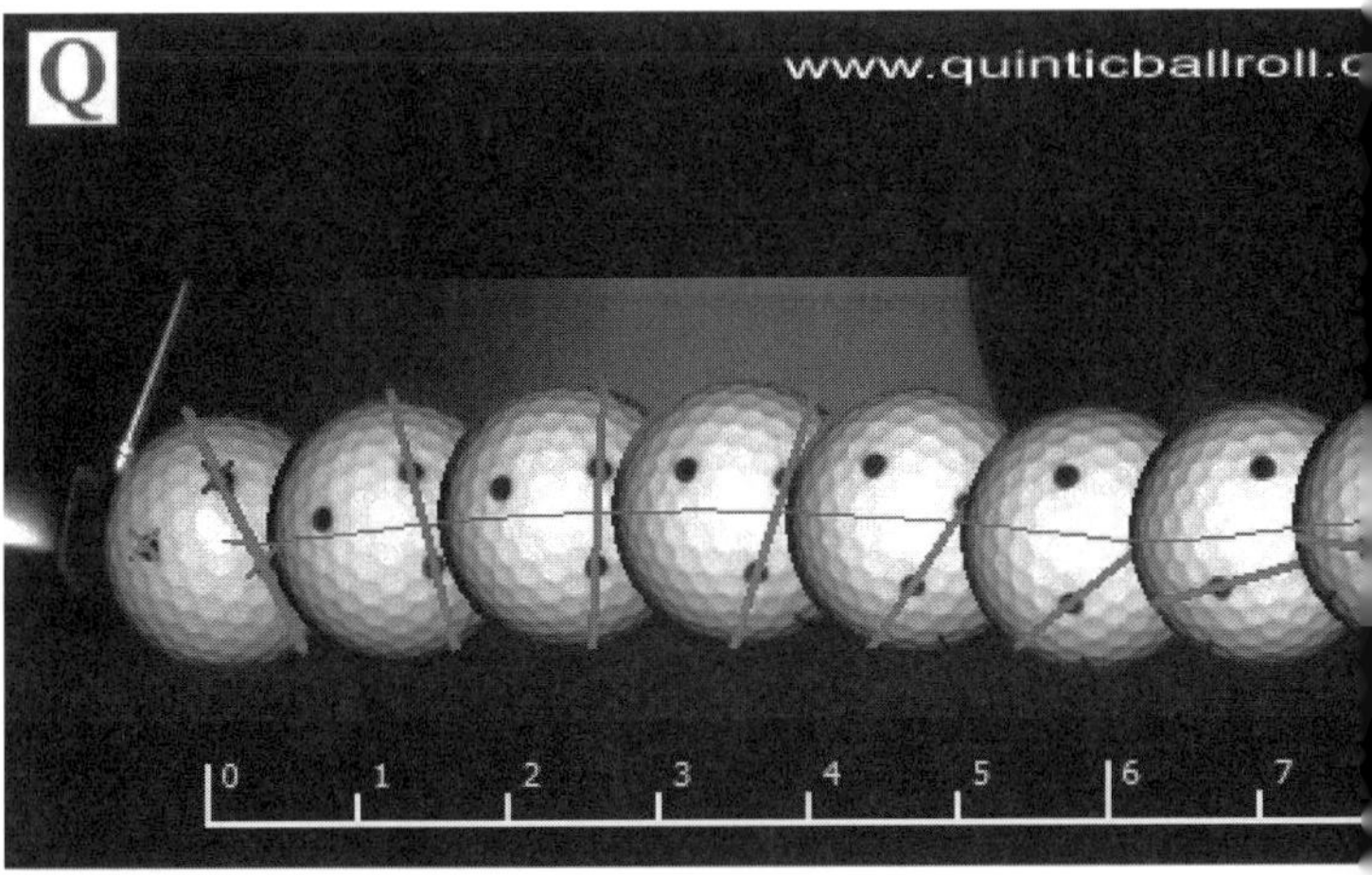

下からすくい打つと結果的にロフト過多になる

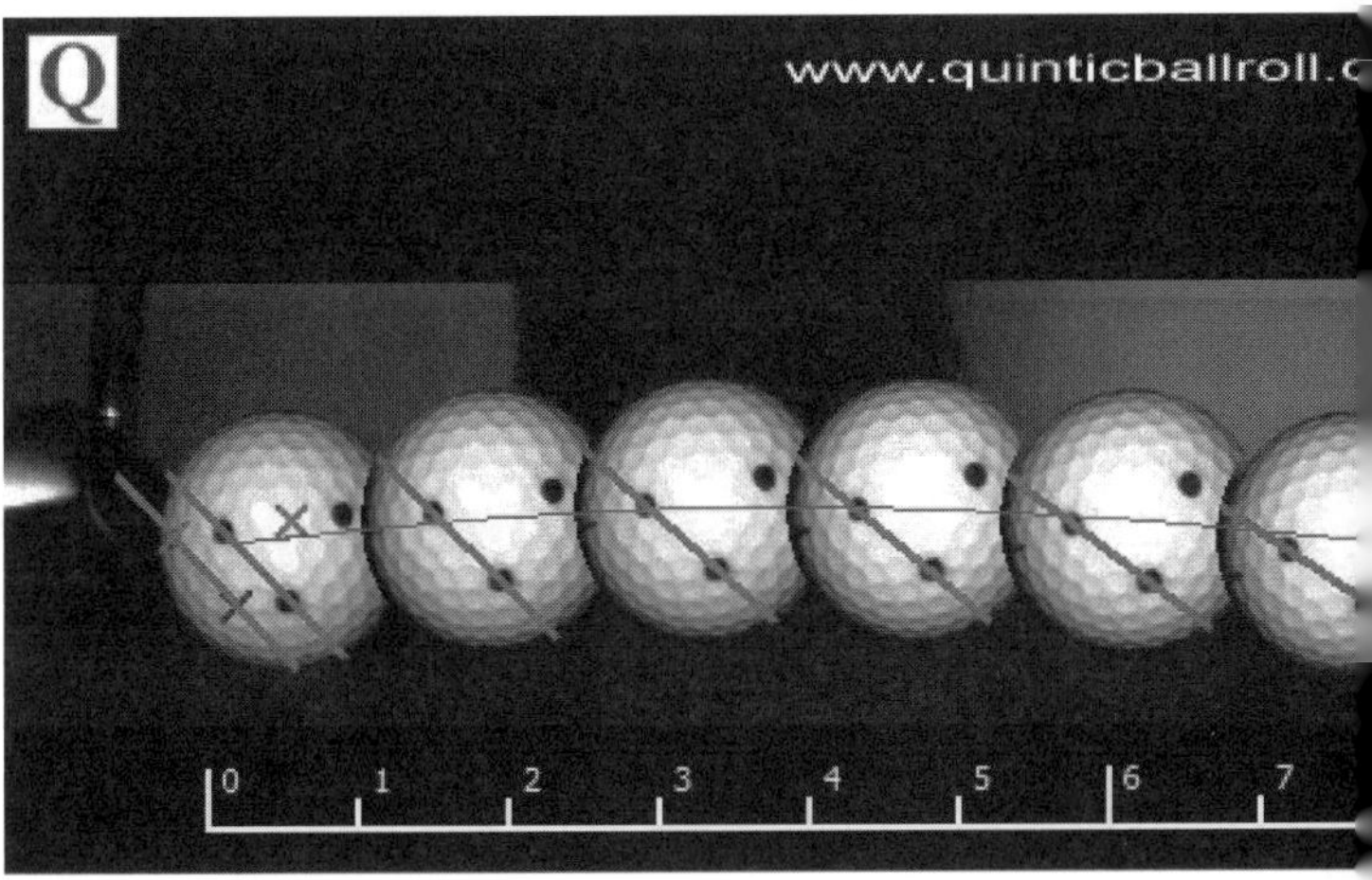

❸ 理想的な順回転を得るためのインパクトロフトは?

あるがままのロフトから1~3度ロフトを立ててインパクト

では適正なロフトとはどれくらいの角度なのでしょう?

すでに述べた通りフェースには2~4度のロフト角がついていますが、通常はインパクトでこれが少なくなります。このときのロフト角をインパクトロフトと呼びます。

寺下さんによると、理想に近い順回転を得るには、日本では2度、ボールが沈みやすいアメリカでは4度のインパクトロフトが推奨されているそうです。ちなみに、パッティング分析システムのサムパットラボの推奨値は1度。あるがままのロフトから1~3度ロフトを立ててインパクトすると転がりがよくなるとされています。

インパクトロフトはインパクトまでのヘッド軌道がミックスされてのものですが、本間ゴルフのデータでは、フィッティングに訪れるゴルファーの70％は過度のアッパー軌道で打ち出し角が多すぎる。逆にヘッドが上から入って打ち出し角が少なすぎる人は10％ほどだそうです。

詳細は5章でお話ししますが、これは大多数の方が手首を使ってストロークしているからと考えられるので、まずはストローク軌道をある程度安定させます。そのうえでパターのフィッティングをするとインパクトロフトが最適化され、転がりのいいボールが打てるようになるでしょう。

インパクトロフト2度で理想の順回転が得られる

本間ゴルフによれば日本での推奨インパクトロフトは2度。アマチュアゴルファーの70％はインパクトロフトが大きすぎ。気持ちロフトを立てるイメージでインパクトすると転がりがよくなるという

インパクトロフトが立ちすぎると打ち出しで跳ねる

ロフトが寝すぎるとキャリーが多くなる

④インパクトロフトはボールの位置で改善できる

ボール位置が左すぎるとアッパー、右すぎるとダウンブロー過多に

ボールの位置を見直すことはインパクトロフトを改善する一助になるかもしれません。ボールの位置が左すぎるとヘッドが上昇しながら、かつフェースも上向きでボールをとらえるのでインパクトロフトが大きくなります。これはボールを右に置くだけで改善される可能性が高いです。ボール位置を変えることに違和感があれば、いまよりロフト角の少ないパターに替えるという手もあります。

ボール位置が右すぎるとヘッドが上から入ってフェース上部に当たります。インパクトロフトは減少、アッパー軌道でも打てず打ち出しでボールが跳ねます。これはボール位置を左にするか、ロフトの大きいパターを使うことで改善できるでしょう。

ボール位置が左すぎるとフェースの下部に当たる

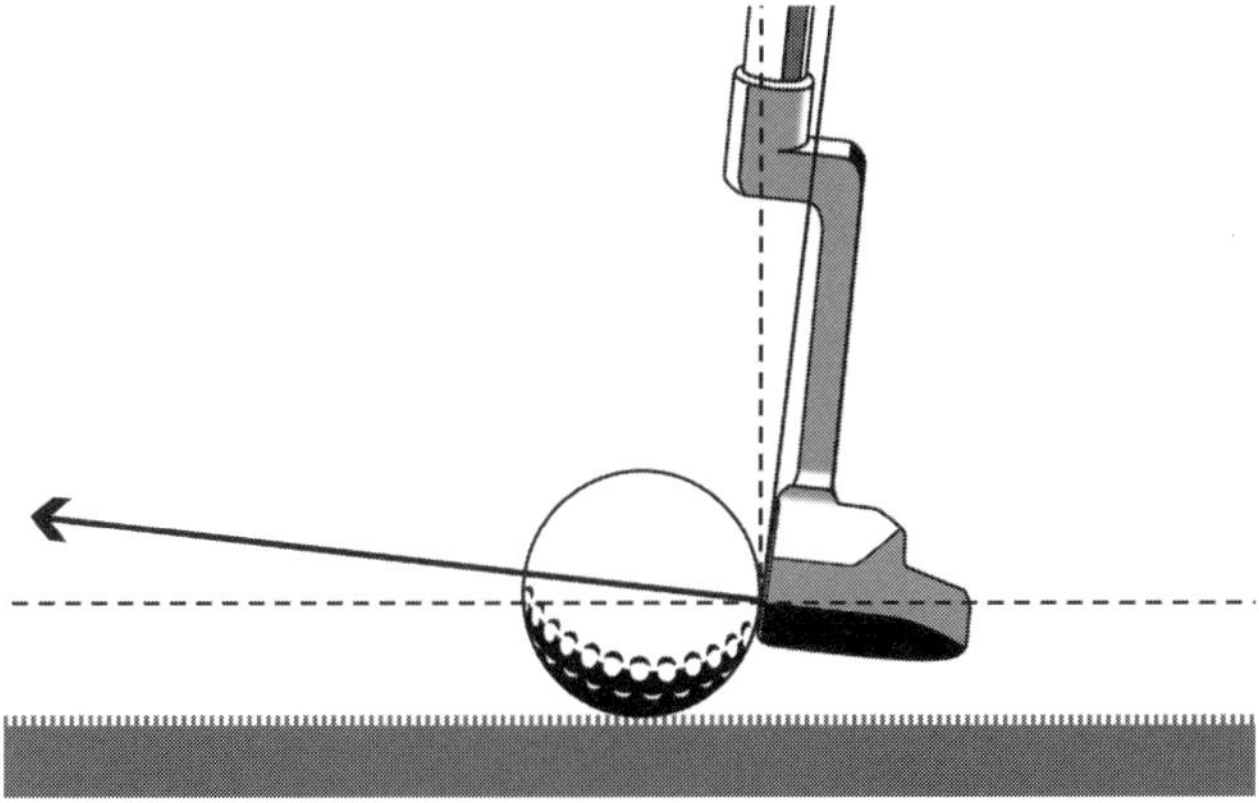

インパクトで手がボールよりも後ろにある形になりフェース面の下部でヒットする。ボールを右に置く、あるいはロフトの少ないパターを使うと改善できる

ボールが右すぎると打点がフェースの上側になる

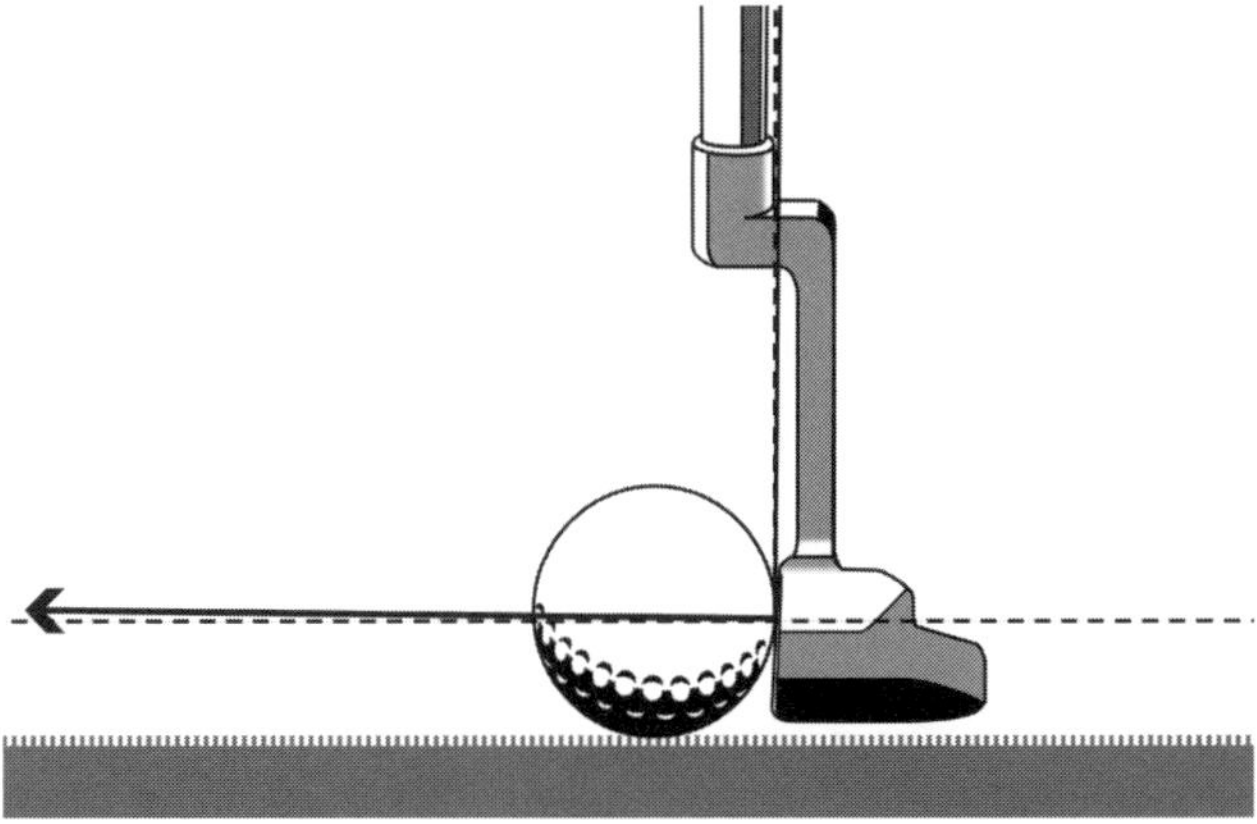

手がボールの真上から前に出るインパクトに。打点はフェースの上側でボールを押さえつけるような形になる。ボールを左に置くかロフトが大きめのパターで改善できる

❺ アドレス時とインパクト時のフェース向き

フェース向きはボールの転がり方向に決定的な影響を及ぼす

インパクト時のフェース向きはボールの転がり方向に70％もの影響を及ぼします。その影響力はヘッド軌道の4倍以上。フェース向き1度のズレをストロークで修正するには、軌道を反対方向に4度ズラさなければいけないほどです。

フェースの向きはアドレス時、インパクト時ともに目標に対して真っすぐであれば問題ありません。これができないとミスにつながるわけですが原因は個々で異なります。

たとえばビギナーやパットが苦手な人は、アドレス、インパクトともにフェースの向きが真っすぐでない可能性が高いですし、安定性に乏しい人はアドレス時のフェース向きが悪いです。経験を積むとアドレスは問題ないけれどインパクトで向きが変わる、といった傾向が出てきます。

自分のフェース向きの傾向を把握することが第一

フェース向きを正しくする手順は、まずアドレス時のフェース向きを安定させることですが、これについては4章で詳述します。次にスクエアインパクトを獲得することですが、スクエアに打つとなると、ヘッドを真っすぐ引いて真っすぐ出す、と考える方が多いと思います。もちろん否定はしませんが、振り幅が大きくなると体の構造上ヘッド軌道はイン・トゥ・インにならざるを得ないので、基本的にはこの軌道でフェース向きの整合性がとれるように練習する、あるいはスクエアになりやすいパターを使う、といった考え方でスキルアップを図るべきでしょう。

ただ、中にはアドレスでオープンなのにインパクトでスクエアに戻る、あるいはその逆になるクセがある人もいます。いずれにしても、打ち出し方向を安定させて転がりのいいボールを手に入れるには、現時点におけるアドレス等のフェース向きの傾向をできるだけ正確に把握することが第一です。

⑥ 好きなパターが転がりのいいパターではない

フェースの向きを合わせやすく真っすぐ動きやすい大型ヘッド

転がりのいいボールを得るためのパター選びについて、フィッターの寺下さんからアドバイスをいただいたのでここで紹介しておきましょう。

もっともわかりやすいのはヘッドの形状で、大型ヘッドのモデルはフェースの向きを合わせやすく真っすぐ動きやすい。ある意味オートマチックに動いてくれます。反面、操作性は劣るので、フェースの開閉や感性を生かしたい人にはピン型に代表されるタイプが適しているそう。自分のストロークを生かすも殺すもヘッド次第と言えそうです。

ネックの形状についてはクランク、ダブルベント、ワンベント、ストレートの順にボールのつかまりがいい。順にロフト角が立って打ち出し角が少なくなるとも言えます。

いまやほとんどのパターに施されているフェースインサートは強いボールを打ちたいかソフ

大型ヘッドと小型ヘッド、どちらがテークバックしやすいか？

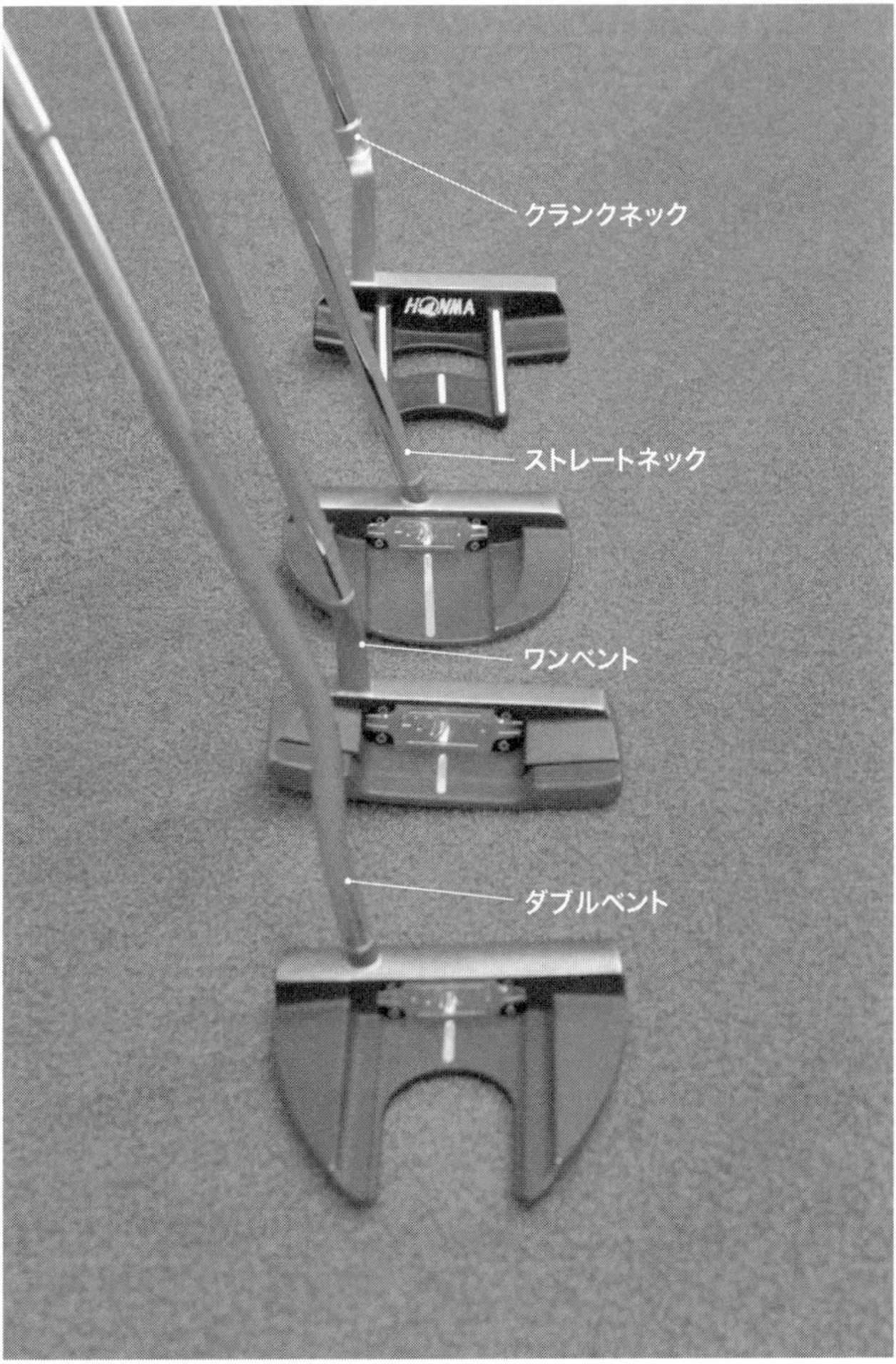

マレットタイプに代表される大型ヘッドとピン型タイプの小型ヘッドのパターでテークバック。動かしやすく感じるタイプを選ぶのが一つの目安。好きなパターが必ずしも転がりのいいパターではない

トに打ちたいかでおすすめモデルが変わるそうで、前者には硬め、後者には柔らかめのインサートを使うとストロークを変えずに打球の勢いが変えられるそうです。

テークバックしやすいかがパター選びの目安の一つ

ショットではアウトサイド・インに振ってもインパクトでフェースが右を向いていたらと右に、インサイド・アウトの場合はインパクトでフェースが左を向くと左に飛びますが、パターはロフトが少なく動きが遅い関係で、前者では左、後者では右にしかボールが出ません。アマチュアの方には意外と知られていないことです。

いずれにしても、自分の好きなパターが転がりのいいパターではないということです。たとえばピン型とオーソドックスなマレットタイプを使ったときに、どちらがテークバックしやすいかが一つの目安になるそうなので、そんなテストでまずパターを選び、これからお話しするアドレスやストロークを整えていくのが、転がりのいいボールをゲットする近道と言えるでしょう。

chapter 4

4章

パットの9割はアドレスで決まる

~アドレスのフォーマット~

❶ フェースを目標に向けることが必須条件

動きが小さいパットでは途中でストロークを修正できない

パットの成否の9割はアドレスが支配します。

パットでは打球を曲げることができません。また、ショットのように動きが大きければ、動き出してからでも打ち方をアジャストできますが、パットは動きが小さいため修正する暇がありません。

そのため狙った目標に向かってボールを真っすぐ打ち出すしかない。それにはセットアップの段階で真っすぐに構え、フェースを目標に向けておくことが必須条件になります。インパクト時のフェース向きは構えた段階でほぼ決まるからです。

パターに合わせて構えてもダメ。これからお話しするマニュアルに準じて構え、その形に合ったパターを使う。構えができたらパターのフィッティングをするのが理想です。

インパクト時のフェース向きはアドレスで決まる

アドレスでまずやるべきはフェースを目標に向けること。ショットと違って動きの中でアジャストできないのでインパクト時のフェース向きはアドレスで決まると言ってもいい

❷ 目線の向きがフェース向きの狂いを生む

目線が向いた方向に打ち出しやすい

アドレス時はもちろん、ストロークにも大きく影響するのが目線です。

パットに限らず、ゴルフでは体の左側の目標に向かってボールを打ちます。そのためアドレスでは目標をヨコ目で見る形になる。実はこれがかなり厄介です。

目の正面にターゲットがある、つまり目線を目標に正対させてボールを投げると、ほぼ狙った方向にいきます。しかし、パットのように目線に対してヨコにボールを投げると簡単ではありません。遠くに投げるほど逸れやすくなります。

それでも手で投げるならまだマシで、パターという道具で打つとなるとハードルが上がります。ゆえにセットアップ時の目線がすごく大事になります。アジャストできないぶん目線が向いた方向に打ち出しやすくなるのです。

目線を水平にキープしてセットアップする

真っすぐに立ち、パターシャフトで両目を結ぶラインが地面と平行になっているかをチェックする

目線のラインをキープしたまま、骨盤を前傾させてセットアップ。この目線を終始保ち続けることが大事

目線とターゲットラインを平行にする

あらかじめイメージしておいた、ボールと目標を結ぶターゲットラインと目線のラインが平行になるようにセットすればOK。この関係を崩さないようにストロークする

目線が右下がり、あるいは左下がりになっていると目標やカップの見え方が変わります。そのままフェースを目標に合わせても実際には目標を向きません。目線が左右を向いても同じこと。セットアップでフェースが閉じたり開いたりします。

アドレスで狙ったところにフェースを向けるのが最善の方法

結局はセットアップ時にターゲットラインと目線が平行になっていないと、スタート時点から誤ったパットになりやすいということです。

ちなみにパットをトータルで見た場合、打ち出し方向はヘッド軌道の4倍もフェースの向きに影響されやすくなります。ストローク軌道がいくらよくても、ちょっとフェースが閉じたり開いてしまうと意味がないのです。

こういったことを防ぐためにもセットアップでフェースを目標に向けなければなりません。繰り返しますが、小さな動きの中でフェース向きを修正することは困難ですから、アドレスで狙ったところにフェースを向けるのが最善の方法です。正しく向いていると信じ込んでいる人ほどストロークをいじって深みにハマる危険があるので要注意です。

ターゲットラインと両目のラインを交差させない

セットアップの時点で首をかしげてしまうとターゲットラインと目のラインが交差してカップの見え方が変わるため目標に向かって打ち出せない

目線がズレると肩が前に出る

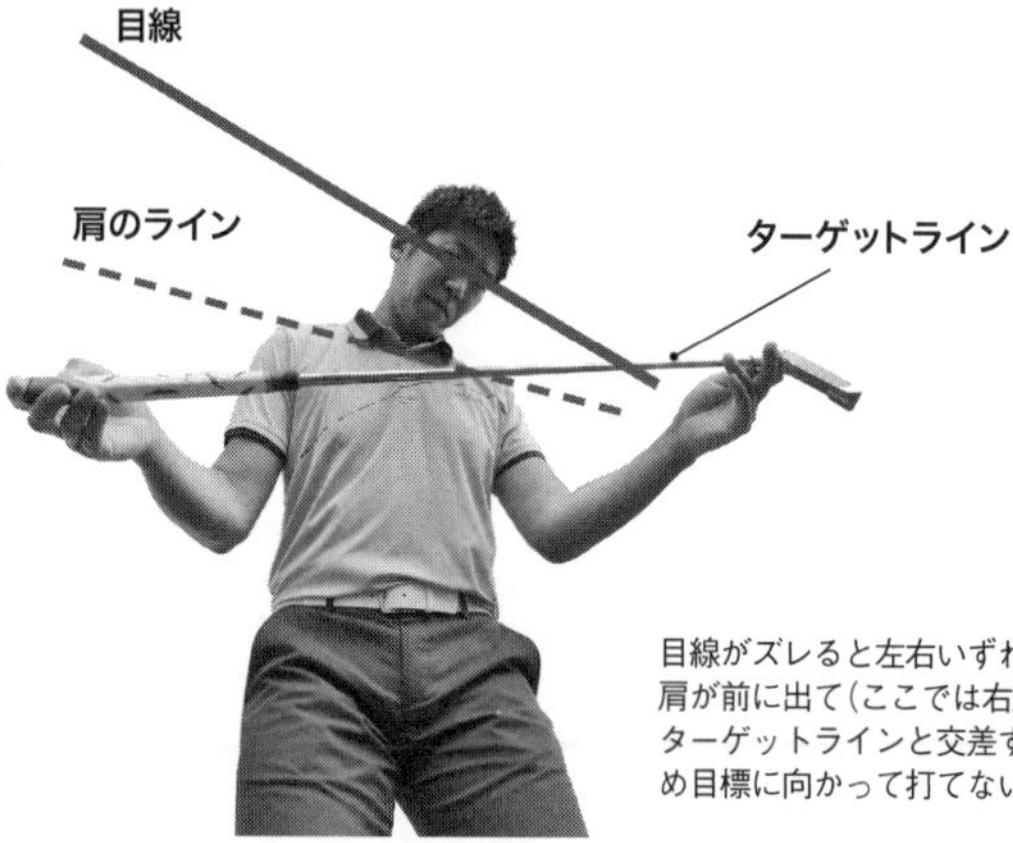

目線がズレると左右いずれかの肩が前に出て(ここでは右肩)、ターゲットラインと交差するため目標に向かって打てない

前傾角度や頭の位置にも気をつける

目の位置はボールの真上が基本。前傾が浅すぎると体の近くからボールを見ることになり、目線とターゲットラインを平行にできない

頭が前に出たり、前傾が深すぎると目線がボールの前に出る。ターゲットラインの見え方が変わって目線を正しく合わせられない

❸「目線→肩のライン→腰のライン」の順にセットアップ

目線と肩のラインが揃っていればほぼOK

セットアップの手順もフェースを目標に向けるためのポイントです。フェースの向きを合わせることに限定すると、上から順にセットすることが重要。すなわち、目線→肩のライン→腰のラインの順に合わせます。

これで目線と肩のラインを揃えればほぼＯＫです。ターゲットラインと目線が平行なら肩の向きが多少違っても何とかなります。

逆に腰やスタンスの向きが合っていても目線がズレていたら全く意味がありません。要は目標の見方によって向きが決まるので、目線が揃わないとフェース向きが決まらないということ。左に見える目標に対してアジャストするので、どうしてもフェースを真っすぐに

目線を決めてから肩や腰のラインを合わせる

目線をターゲットラインに合わせるとフェースの向きは自ずと決まる。この関係を崩さないように肩や腰のラインもスクエアにするが、目線を崩さないことを最優先させる

向けづらいのです。

スタンスの向きはどうでもいい

肩のラインはストロークにも影響します。向きが違うと軌道が勝手に変わります。左を向いているとアウトサイド・イン、右を向いているとインサイド・アウトになりますから、できるだけスクエアにしたいところです。

目線と肩のラインが合っていれば、腰やスタンスの向きにはそれほどナーバスにならなくてもいい。誰しも多かれ少なかれ体にゆがみがありますから、ちょっとくらいオープンでも問題ありません。

ちなみに腰とスタンスは固めているだけ。なぜなら動きに直接影響しないからです。

また、目線はボールポジションによっても変わるので、ボール位置は一定にしましょう。オーソドックスなのは左目の下に置くこと。さらに、顔の面とグリーン面を平行の関係に近づけたほうが目線を合わせやすくなります。

腰のラインとスタンスラインはストロークに直接影響しない

目線はターゲットラインと平行。さらに肩のラインもこれと平行になっていれば、スタンスラインはクローズドでもオープンでも構わない。足腰は固めておくためストロークには直接影響しないからだ

④ ヒジから先を一本のパターにする

手の位置は肩の真下、グリップは左太モモの前

では、アドレスの細部をチェックしていきましょう。

まず気をつけるべきは手の位置です。ここを間違えるとストローク軌道がゆがむので大変重要です。

手の位置が体から離れすぎると、軌道がフラットかつイン・トゥ・インになりすぎます。逆に手前にきて体に近いとストローク中に手が詰まってアウト・イン・アウト軌道になります。スイングでは聞かない軌道ですが、ヘッドがゆっくり動くパットでは、こうなる人が結構います。

ということで、手を肩の真下にセットするのがアドレス作りの基本になります。

次に左右の手の位置をチェックしましょう。アマチュアの方によくあるのは、ボールを真

手の位置が悪いとストロークがゆがむ

腕から力を抜いて
ダランと垂らした
ところが自然な手
の位置

パターの位置が体から離れすぎるとストローク軌道が過剰にフラットでイン・トゥ・インになり、体に近すぎると手が詰まってアウト・イン・アウト軌道になる

グリップ位置は左太モモの内側前くらい

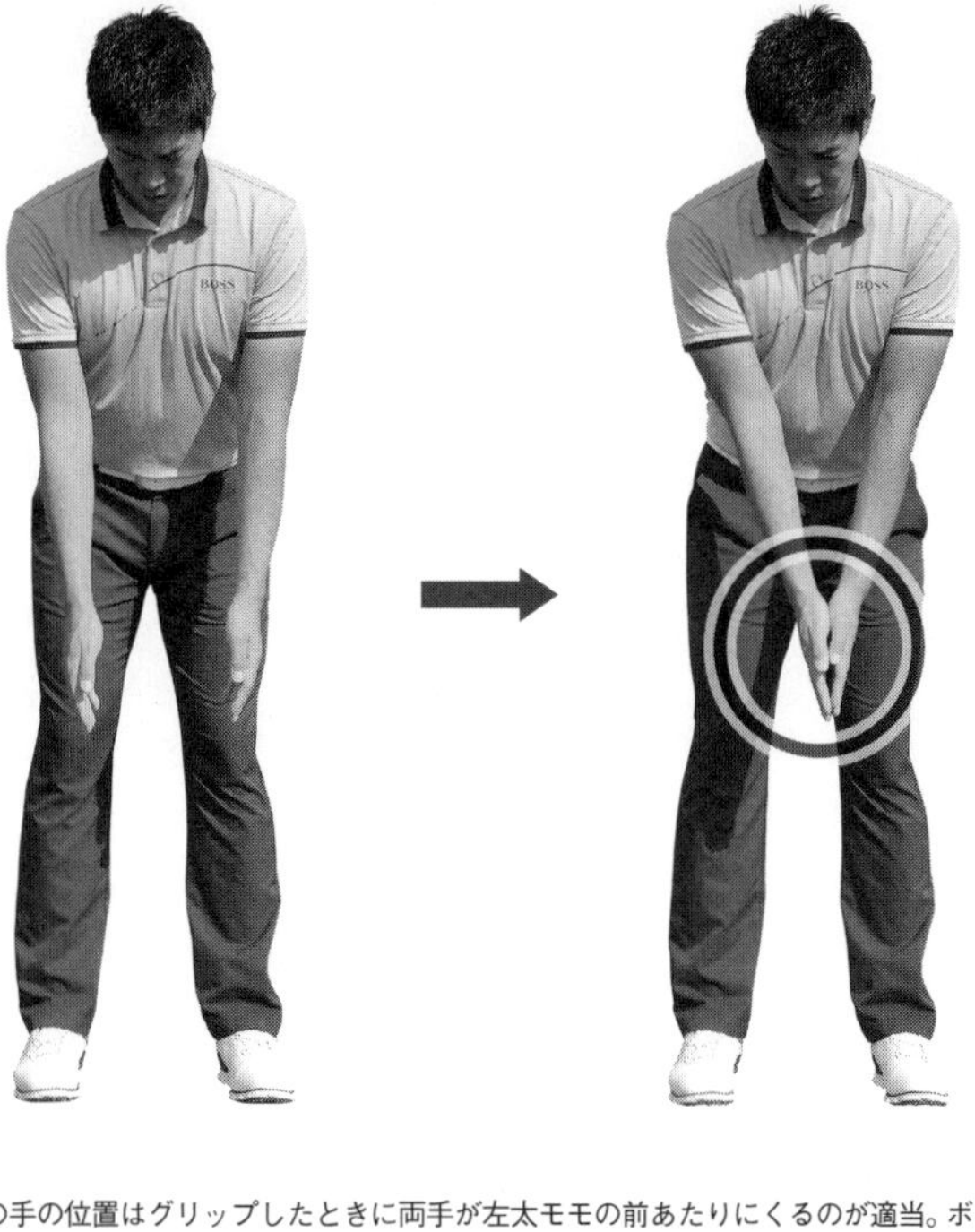

左右の手の位置はグリップしたときに両手が左太モモの前あたりにくるのが適当。ボール位置にも関係する(56ページ参照)が、ハンドレート(グリップが右寄り)や過剰にハンドファースト(同左寄り)にならないようにする。また、手首は伸びた状態を保つので、肩と腕と手首を結ぶ三角形ができる

ん中に置いてハンドレート（手の位置が右寄り）になるパターンです。ハンドファースト（手が左寄り）もよくありませんがハンドレートは絶対ダメです。

手首が伸びた状態でパターを持つ

標準的なのは手を真下にダランと垂らしたパターを握ったときに、グリップが左太モモの内側前くらいにある形です。アッパーブローでボールを打ちたいので、ボールポジションはちょっと左寄りなります。

また、パターと手の間には角度をつけない。言い換えると、手首が伸びた状態でパターを持ちます。指の関節で引っかけるように握るフィンガーグリップだと角度がつくので、手のひらで握るパームグリップにしましょう（136ページ参照）。

これができた状態でフォームを後方から見ると、ヒジから先の前腕部分とパターはほぼ一直線になるので、ヒジから先のすべてをパターだと思ってストロークするイメージをもちましょう。これで手首を使わずに打てます。

ボールの位置は真ん中よりやや左寄り

アッパーブローでボールをとらえたいのでボールの位置はやや左寄り。それに伴いグリップの位置は左太モモの前あたりになる

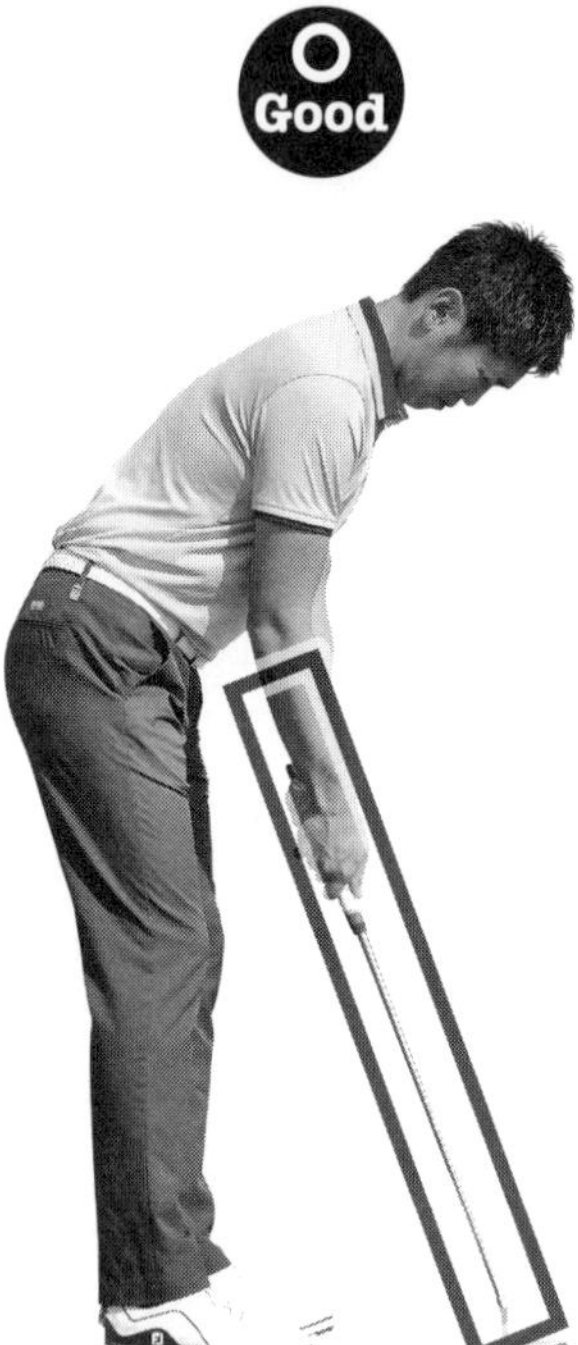

アドレスを後方から見るとヒジから先の前腕部とシャフトは一直線になる。ヒジから先がパターのイメージになる

ハンドレート、ハンドファーストともにNG

左右センターに置いたボールよりも右手が右寄りにあるのがハンドレート。フェース面が上向き加減になり、下からすくい打つ形になりやすい

ボールよりも目標側に手がくるのがハンドファースト。フェース面が下向き加減になり、ヘッドが上から入りやすい。ボールを潰すようなインパクトになる

5 左手を使う意識をもってアドレス

右手が強いとアライメントが崩れる

パットは両手で打つものですから、左右どちらかの手が勝っているとアライメントが崩れてバランスの悪いストロークになります。

アマチュアの方に多いのは、右手が勝って左手がおまけみたいになっている形です。利き手である右手を主体にして構えるために陥ります。何も考えずにアドレスするとこうなってしまうので、左手を意識して構える必要があります。

プロの場合、アドレスすると左腕が長く見える傾向がありますが、これは無意識に左手を使えているからです。特別なことをしなくても左を使う意識をもつだけで右が強い形を修正できます。アマチュアの方の多くは左サイドをしっかり使えるようになることが大事なので、最終的に左サイドが使えるようになる練習をしましょう。

右手が勝ちやすいのであえて左手を意識する

左手を使う意識をもつだけでOK。アマチュアは右手が強すぎてストロークバランスを崩すパターンが多いので左を使う練習をするのがおすすめ

❻ 正面を向いて軽くお辞儀をする

肩の付け根とヒザ、あるいは肩と母指球を結ぶラインが一直線

プロのアドレスを見ると、みんな似ています。身長や体重や腕の長さは違うのに、体の前傾角度はだいたい同じです。

構える際に前傾角度を気にするアマチュアの方が多いようですが、前傾は構えた結果であって、手順を踏んでアドレスすれば動きに無駄が出づらい前傾角度に近づきます。

そのシルエットをザッと言うなら、ヒザはほとんど曲がっていません。大きく曲げる人もいますが少数派です。腰から軽くお辞儀をしてヒザを軽く緩める感じが普通です。

その構えを後方から見ると、肩と足の母指球(※)を結ぶラインが一直線になっています。

あとはこのシェイプで構えたときに体がキツいかどうか。キツければ前傾角度が深すぎるかもしれません。

上体の前傾角度やヒザの曲げ方は気にしない

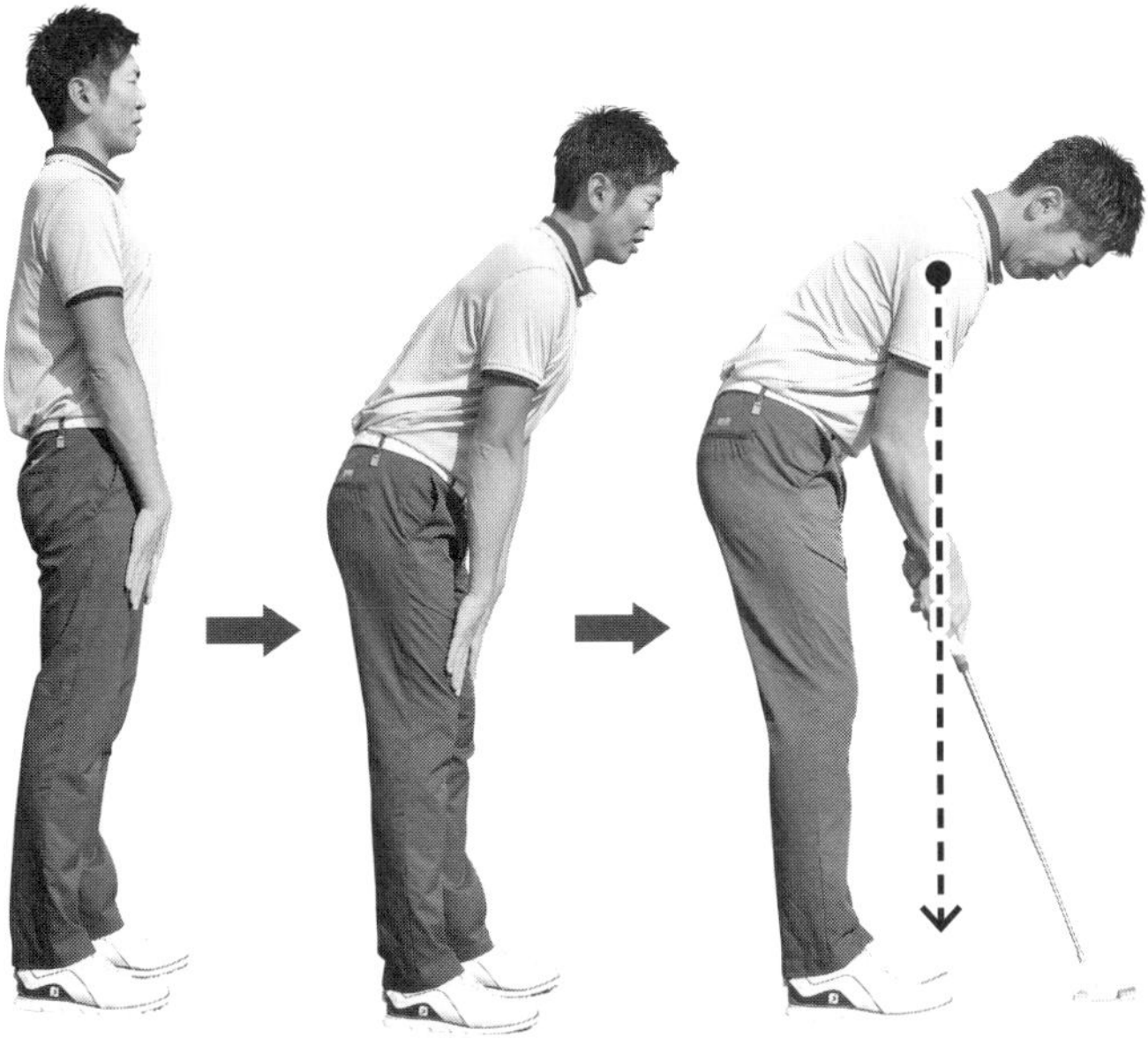

正面向きに真っすぐ立つ。猫背はよくないが腰を反らしたり、過度に胸を張った姿勢もアウト

前の人に挨拶をする要領で上体を前に倒す。前の人を見ても苦しくないくらい前傾すればOK

両腕を垂らした位置でパターをグリップ。ヒザは緩める程度で曲げる必要はない

※母指球＝足の親指の付け根のふくらんだ部分のこと。

⑦ 上体ではなく骨盤を前傾させる

極端に屈んだり真っすぐ立つ形にはならない

アドレス時の前傾角度は構えた結果で決まるとお話ししましたが、その理由は前傾するのが上体ではなく骨盤だからです。

上体を前に倒すと前かがみになったり立ち気味になったりしますが、骨盤を前傾させ、その姿勢をキープして運動するとなると、極端に屈んだり真っすぐ立つ形にはなりません。それゆえプロの前傾はおおよそ似たような角度になってきます。

アマチュアの方に棒立ちや屈みすぎのスタイルが多いのは骨盤を傾けていないから。棒立ちの構えは言わずもがな屈みすぎも同様で、骨盤を前傾させずに上体を前屈させているだけです。

中でも多いのは、骨盤を前傾させずにヒザを曲げてしまうパターン。これだと前傾が

骨盤の前傾がいいアドレスの条件

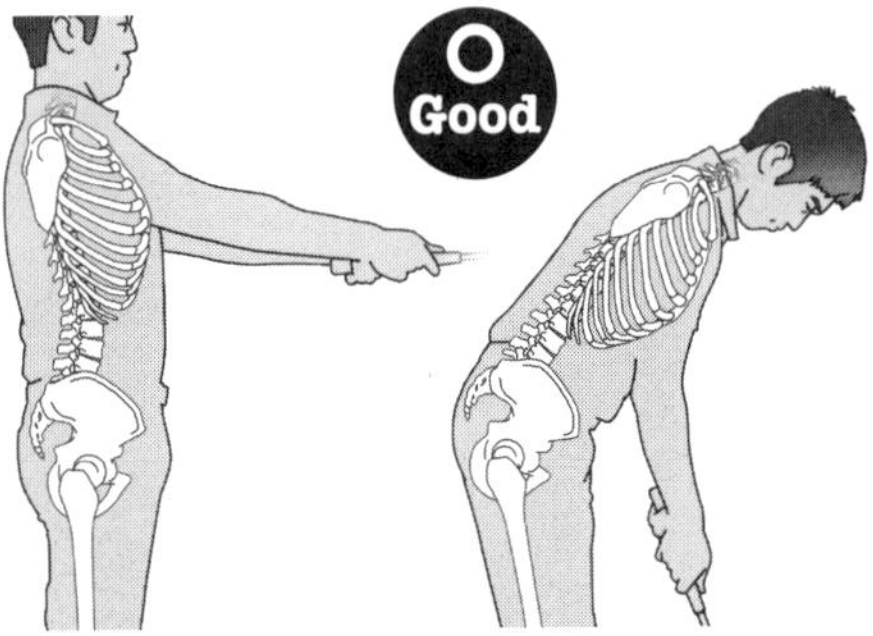

上体を前に倒すのではなく骨盤を前傾させることが大事

骨盤が前傾すればヒザを曲げなくてもパターヘッドがボールに届く

ヒザの曲げすぎ上体の被りすぎに注意

一見よさそうだが上体が前に倒れて被りすぎている。手の位置も体に近すぎるのでストロークで手が詰まる

骨盤を前傾させずにヒザを曲げるとお腹が前に出てくる。ヒザを曲げてヘッドにボールを届かせる形になり体が動かない

足りない代償的な動きとしてお腹が前に出ます。つまり骨盤の前傾ではなくヒザを曲げてパターをボールに近づけているだけです。体がコントロールできず、結局手だけを動かす格好になってしまいます。

上半身の動きに引きずられないよう体幹部に重心を意識

ボールに対して被さるように構えて、腕がヒジまで体についている人もいます。そのまま回転するとヘッドが外に上がり、ヘッド軌道がアウトサイド・アウトになります。構えを固めている雰囲気はありますが、〝毒は毒をもって制す〟とでも言うべき固め方でいいアドレスとは言えません。

下半身に関しては、どっしりしすぎるのも問題です。過剰にどっしりさせると重心が下がりすぎて身動きがとれなくなります。そこまで頑張らず、動いたときに上半身に引きずられなければいい。体幹部分に重心を意識しておくといいでしょう。

体幹部に重心を置く意識で構える

下半身のどっしり感を意識すると重心が下がりすぎてスムーズに動けなくなる。おヘソのあたりの体幹部に重心を置き、少し力を入れるイメージで構えればいい

⑧ 前後左右の体重配分は5：5に近づける

スタンス幅によって多少動きが変わる

アドレス時の前後左右の体重配分は5：5で、体の真ん中に重心があるのが基本です。体重の偏りを計測する機器で測ると、大抵の人はどちらかに偏っています。左体重でかつカカト側にかかると肩が開く、といったことになります。足のどこに体重がかかっているかは比較的無頓着なので、なるべく均等な体重配分で立つことを心がけましょう。

スタンス幅については人それぞれです。自分に合った幅でいいと思いますが、幅によって多少動きに影響が出ます。狭いと体が回転しやすく、広いと回転しづらい。イン・トゥ・インでストロークするには前者、ヘッドを直線的に動かしたければ後者が向きます。両手をダランと垂らした状態で、スタンス幅を変えながら手の向きをチェックすると適正なスタンス幅がわかります。

動きやすいスタンス幅をとる

広いと体が回転しずらい

スタンス幅が広いと体が回転しづらい。ストロークでヘッドを直線的に動かしたい人はこれでもいい

狭いと体が回転しやすい

スタンス幅が狭いと体が回転しやすい。イン・トゥ・インでストロークしたい人には狭いほうが向く

9

アップライトかフラットかは支点の位置で決まる

支点が高い位置になるほどアップライトな構えになる

アドレスは支点の位置によってタイプが変わります。すなわち、支点を高い位置、たとえば首の付け根などに意識しているとアップライトな構えになります。これに対して、おヘソのあたりに支点を設けて構えるとフラットなアドレスになります。

アップライトな構えでストロークするとヘッドは緩やかな弧を描きます。イメージ的には直線に近いかもしれません。一方、フラットな構えでストロークした場合はイン・トゥ・インの軌道になります。バックスイング側とフォロー側で、ヘッドがインサイドに動きます。

どちらも間違いではありませんが、イメージする支点の位置によってストローク軌道が変わることは把握しておかなければなりません。

支点が高い位置にある

たとえば首の付け根あたりの高い位置に支点があるとアドレスはアップライトになり、ストローク軌道は真っすぐに近いイメージになる

支点が低い位置にある

おヘソなど体の低い位置に支点をイメージして構えるとフラットなアドレスに。ストローク軌道は明らかなイン・トゥ・インになる

⑩ アドレスでスクエアに見えるネックがおすすめ

ボールに対してパターを真っすぐセットしやすいか

パターにはさまざまなネック形状がありますが、大事なのはアドレスしたときの見え方です。ネックの入り方や形状によって見え方が変わります。

ポイントは構えたときにボールに対してパターを真っすぐセットしやすいかどうか。これはシャフトの入り方とフェース面の関係によって変わりますが、ネック形状によってセットしやすく感じるものとそうでないものがあります。

たとえばセンターシャフトと呼ばれる、シャフトがヘッドのセンター部分に真っすぐ刺さっているパターがありますが、これだと客観的に見た場合にはスクエアに構えやすくなります。ただ、曲線やクランク状に曲がったネックのほうが構えやすいと感じる人もいます。いずれにしても、いかにスクエアに見えるかが大事だと思います。

スクエアに構えやすいかは人によって変わる

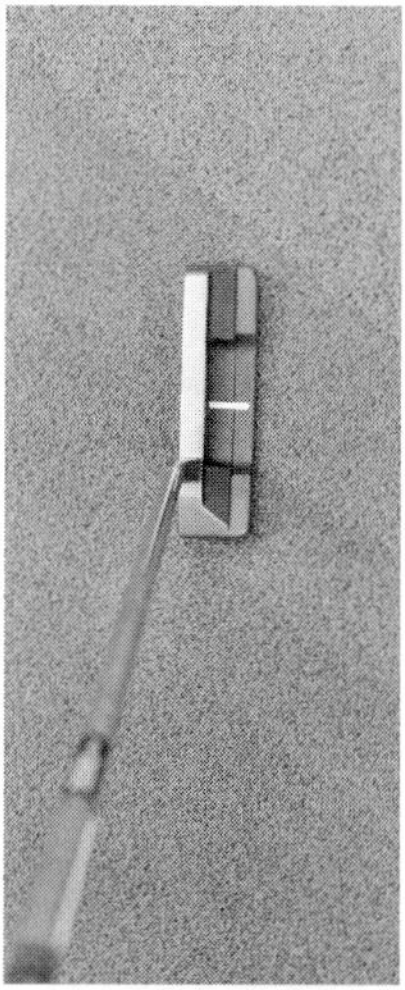

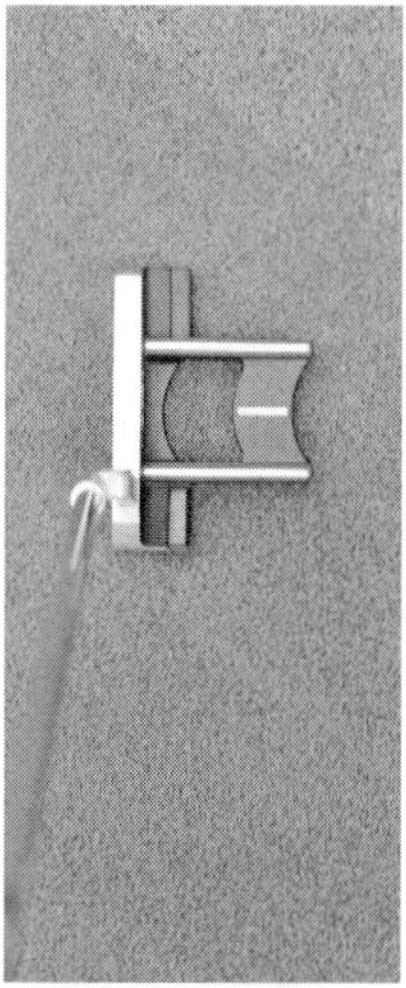

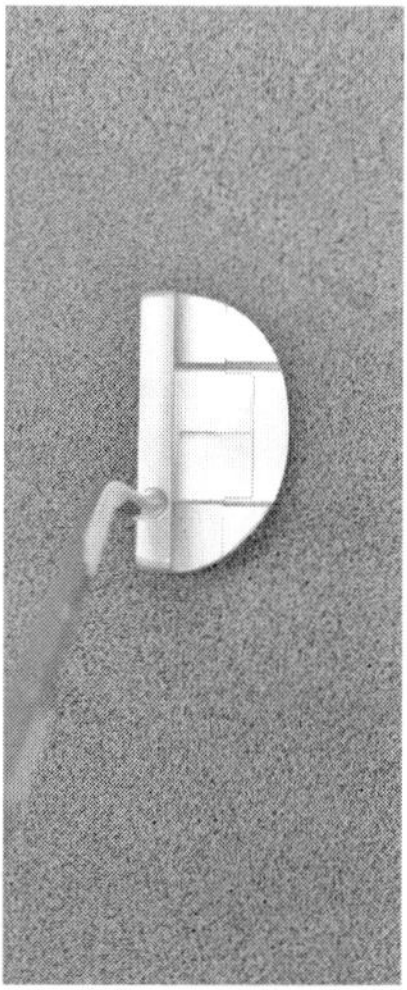

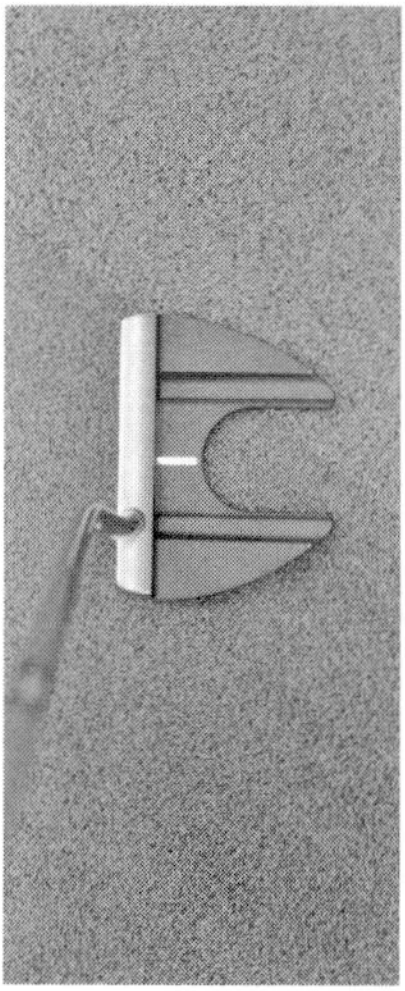

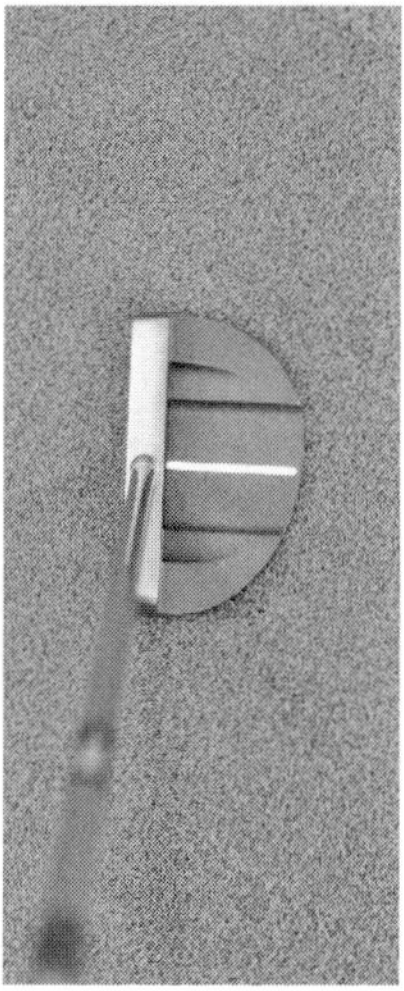

ネックの入り方や形により構えやすいか否かが変わる。シャフトがヘッドのセンター部分に刺さったセンターシャフトはスクエアに構えやすいがボールをつかまえづらいといったデメリットもある

COLUMN

世界のコーチもやっていることはいたってシンプル

かつてタイガー・ウッズのパッティングコーチで、アーニー・エルスやブラッド・ファクソンら多くのトッププロを指導してきたマリウス・フィルマルター。パットについて深遠な研究を続けているカリスマコーチですが、練習で選手にやらせることはいたってシンプル。スティックを使って目線の位置を確認したり、スタンスやボールとの距離がいつも同じになるように毎日チェックします。

マット・クーチャーのコーチのマイク・シャノンにいたってはもっと細かくて、スタンス幅やボール位置もミリ単位でチェックさせます。アドレスは日によって変わりますが、構えが悪いと悪い動きしかできません。これはバイオメカニクス的に見ても明白。一定にできる可能性がある以上、たゆまぬ努力でそれを追い続けています。

chapter 5

5章

バイオメカニクス重視でストローク

〜安定したパットの獲得〜

1 理想のパットに近づくメカニズムを知る

美しいフォームはメカニカル

ボールスピードは人によって変わります。腕の長さが個々で違いますし、パターヘッドの大きさも、テンポも違いますから、これが絶対という速さはありません。パッティング分析システムによっては推奨値も設けていますが、それが絶対というものでもありません。

ただ、仮にスピードに許容範囲があるとした場合、そこに近づけ、かつ再現性を高めるのに有効な手法があります。その一つがバイオメカニクス（生体力学）に基づいたメカニカルなパッティングです。

バイオメカニクスとは、力学的視点から生体の運動やそれに関係する生体構造を研究する学問のことです。人間の体は常に力学的環境下にあるため、運動のすべては力学の法則にのっとって行われるという前提のもとで研究が進められています。

ショットを例にとると、いわゆる〝美しい〟と言われるスイングは理にかなった動きをしていますが、理にかなった＝バイオメカニクス的に見て正解に近い、ということです。

ギクシャク見えるのはメカニズムに問題あり

逆に言えば、ギクシャクして見えるスイングはメカニズム的に問題を抱えている可能性が高いです。つまり骨格や関節、筋肉が構造的、あるいは力学的に正しくない使い方をされているため、それをカバーするべく不要な動作が入ってギクシャク見える、ということになります。昨今はスイングに科学のメスを入れて分析、研究が進められていますが、いかんせん動きが大きくて速い。また、スイング中に修正動作が入ることも多く、仕組みは理解できてもその通りにやるとなると簡単ではありません。

その点、パットは動きが小さくスピードも不要です。下半身も使わないため、メカニカルに動ける。アマチュアの方でも理想のパットに近づける可能性が高いと考えられます。

❷ ヘッドが等速で動くようにストロークする

インパクトが点になるとボールが当たるときにブレーキがかかる

ショットでもそうですが、スイングやストロークでは急加速や急停止がよくありません。動きの小さいパットでは特にこれが出やすいので、常にヘッドが等速で動くようにストロークするべきです。

なぜよくないかと言えば、インパクトがゾーンにできないからです。ストローク中に急加速や急停止が入るとインパクトが点になり、フェースをボールに衝突させるときに必ずブレーキがかかり、これがさまざまな誤動作を誘発します。

メカニカルな見地からパットを考えると、これを防げる可能性があります。たとえば、スイングでは関節を使ってヘッドスピードを上げますが、パットではヘッドスピードを上げる必要がないので関節は使わない、といったようなことです。同じクラブを振る動作でもシヨットにはショットの、パットにはパットの体の使い方があるというわけです。

新しいことを取り入れるより制御することを優先する

ただし、例外もあります。メカニック的に見ると手首を使ったパットはNGになってしまいますが、たとえば青木功プロのパットはしっかり機能しています。支点を決めてパターを動かすことで、青木プロにとってちょうどいいアタックアングルが得られたバックスピンも計算に入れて科学的に精度が高いパットを打っていたのだと思います。

しかし、残念ながらアマチュアの方はもちろん、私にも真似できません。ショットもパットも、本来そうあるべきでない体の使い方をすることでミスが誘発されます。ゆえに、できるだけ無駄のない動きにもっていきたい。そう考えると、パットの上達に必要なのは、新しいことを取り入れるより制御していくことになると思います。

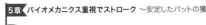

③ パチン！と打たないことからはじめる

インパクトの強弱で距離を合わせるのは困難

ストローク中にヘッドが等速で動かないのは、ボールをヒットする意識が強いからです。パンチが入ってオーバーしたあとに緩んでショートするのはその典型です。当てる意識だと毎回インパクトの強弱で距離を合わせることになります。これはとても難しいことです。

そうではなく、ストローク自体でボールを運ぶ、あるいはヘッドが動く途中でボールに当たる。「ボールを押す」というのともまた違いますが、とにかく当てることよりもストロークすることを重視するべきです。難しく感じたら、少なくともパチン！と打たないことからはじめるといいでしょう。

インパクトで強く入ったり緩んだりするのは手首を使っているからです。タッチが合っているうちはいいですが、合わなくなるとどう打っていいかわからなくなります。

ボールを打つ意識がパチン!とインパクトする原因

フェースをボールにぶつける意識があるとインパクトの強弱で距離を合わせることに。ヘッドの動きの中でフェースがボールに当たる＝ストロークで運ぶイメージをもつ

④ 胸郭を使ってストロークする

〝前へならえ！〟の状態で、いかに腕を左右に動かすか

手首を使わずに打つ最大のメリットは、どんな状況になってもパターヘッドが動き、かつ再現性が高いことです。

手首を使わない、とは関節の動きを減らすということ。わかりやすく言うと、〝前へならえ！〟をした状態で、いかに腕を左右に動かすかです。

クラブを振るときには手首やヒジの関節や股関節を使うとスピードが出ますから、スイングでは積極的に関節を使います。反面、再現性は低い。その点パットはスピードアップさせる必要がない。手首、ヒジ、股関節も位置をキープするだけで積極的には使いませんから再現性も高まります。

では、どこを使ってストロークするのか？　動かす意識をもつとすれば胸郭です。

胸郭とは肋骨を中心とした胸まわりの部位。バイオメカニクス的に言うと胸郭自体は動かず、実際には胸郭の後ろ側にある脊柱（背骨）のうちの胸椎が動きます。

ちなみに脊柱は頸椎、胸椎、腰椎の3つで構成されていますが、随意的に動くのは頸椎と胸椎で、胸椎は頸椎ほど可動域が広くありません（頸椎は左右40～50度程度、胸椎は同35度程度が直立した健常者の目安）。また、ストローク中、頸椎は動きますが積極的に使っているわけではありません。この場合の〝動く〟とは回旋運動で、胸椎、頸椎ともにそれらを構成する小さな椎骨が少しずつズレることで成されます。体を正面に向けたまま頭だけ左右を向けてみると頸椎の可動域の大きさがわかると思います。

胸椎から直角に長い長尺パターが生えているイメージ

パットでは胸椎を支点と考えればいいと思います。胸椎から直角にすごく長い長尺パターが生えているイメージです。アドレスの体勢から、胸郭を右に向けるとバックスイング、左に向けるとダウンスイングからフォロー。振り子の動きになって再現性が高くなります。手首やヒジの関節を使うといたずらに支点が増えて二重、三重の振り子になります。

使わずに胸郭を動かす

喉元のくぼみからみぞおちくらいまでの範囲が胸郭の上下

骨盤の前傾をキープして胸郭を左に回すとフォローに

手首やヒジの関節を

手首の関節を使うと手が甲側および手のひら側に折れる

胸郭の動きに腰が引っ張られると軸がブレてしまう

骨盤を前傾させて胸郭を右に向けるとテークバックに

手首を使わない＝関節の動きを減らすということ。“前へならえ！”をしたまま腕を左右に振るには胸（胸郭）を左右に向けなければならない

同じように振っているつもりでも、振るたびに誤差が生じるのはそのためです。

また「パターはショルダーストロークで打つ」とも言われますが、この表現を間違って解釈すると、肩を上下に動かす、あるいは左右の肩甲骨を寄せるような動きになってしまう場合があります。これは振り子とは似て非なるものなので注意が必要です。

再現性の高い振り子運動にするには肩甲骨まわりの関節はロックしておき、結果的に動くくらいにしておきたい。両ワキにシャフトを挟んでストロークするドリルもありますが、肩が上がると肩甲骨まわりが動いてしまうので意味がありません。

胸椎を支点と考える

胸椎から長尺パターが生えているイメージをもつ。胸郭を右に向ければバックスイング、左に向ければダウンスイングからフォローになる

胸椎支点で胸郭を左右に動かすとストロークになる

グリップエンドを胸につけて左右を向けばパターは左右に振られる

⑤ 胸椎の12番から首の間に支点を作る

パットのメカニズムを考えると長尺パターが有効

なぜ胸椎を支点にするかというと、支点までの距離が長い振り子のほうが、短い振り子よりも安定して動くからです。

パターでストロークする人間を考えると、ヘッドからもっとも遠いのは背中です。ですから胸椎、細かく言うと一番下の12番胸椎から首の間に支点を作るのが理想です。

普通の長さのパターを使っている人でも、グリップエンド側にパターを延長してみたときに、それが胸椎にまで達しているように見える人はパター上手です。ですからバイオメカニック的に見ると長尺パターはとても有効で比較的楽にやりたいことができます。

ただ、ヘッドの慣性モーメントが大きすぎるので意思が入れづらいという一面もあります。正しい軌道でストロークし、フェース面も管理できるプロは、イメージと実際の動きを完

胸椎の一番下にある12番胸椎から首の間に支点を設ける

背骨の一部を構成する胸椎は12個の小さな骨から成る。その一番下に位置する骨をイメージし、そこと首の間に支点を作る

壁に重ね合わせたいのですが、長尺だとヘッドがオートマチックに動きすぎてイメージと合わせづらいため気持ち悪く感じる人がいるのです。

長尺パターを振るだけでもストローク軌道は安定する

その点、長尺パターはアマチュアの方にはすごくおすすめなのですが、カッコ悪いという理由から敬遠するゴルファーが多い。これはちょっともったいないと感じます。

厳密に言えば、長尺でも胸椎が支点になる人と、グリップエンドが支点になる人に分かれますが、いずれにしてもオートマチックに動きやすいので感覚には左右されづらい。長尺パターを振るだけでもストローク軌道は安定しますので、練習用として使う、あるいは長い棒を長尺のイメージで構えたり、ドライバーなどの長いクラブで練習すれば軌道の良化および安定化が見込めます。

グリップエンド側が胸椎まで伸びているイメージ

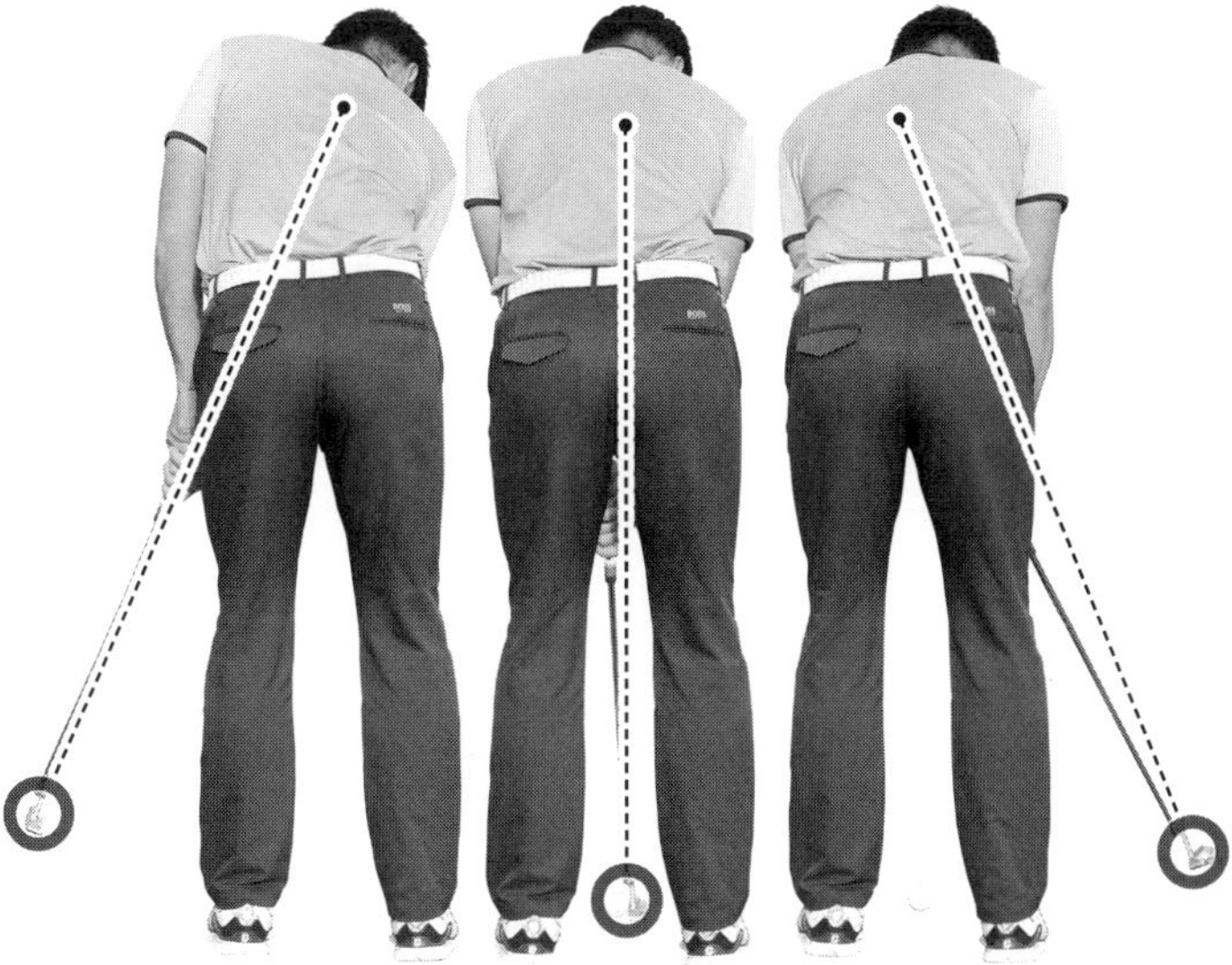

後方からフォームを見てグリップエンド側にパターを延長したときに、伸ばしたグリップエンドが胸椎にまで達しているように見えるようにしたい

❻ フォームは演繹法、感覚は帰納法で培う

不自然なものを順を追って作り上げる

胸郭を動かすと一口に言いましたが、アマチュアの方はすぐにはできないかもしれません。そもそも胸を動かす発想がありません。何かを動かそうとすれば動かしやすい手先を使います。そのほうが合理的ですし、元来胸郭を動かすなど不自然だからです。

そういう意味では、ゴルフは不自然なスポーツ。不自然なことをやらなければならないから難しいと言えます。しかし、だからといって本能のままでは無理です。ゴルフがうまいスーパーアスリートはたくさんいますが、多くの人はフォームがちょっと変。不自然なものを順を追って作り上げなければいけないからそうなるのです。

ゴルフはフォームのスポーツです。型をどう作り上げていくかが大事ですが、よりわかりやすくて間違えにくいのは、一定のモデル（お手本）に従って作り上げる演繹的な手法です。

フォームが決まらないことには感覚が生かせない

ところが、アマチュアの方の多くは経験を積み上げる帰納法で作り上げようとしています。もちろん、この手法を全否定するつもりはありませんが、成功経験はたまたまかもしれません。練習や実戦で「つかんだ！」と思ったけれど、結局は理論的な整合性がなく後々続かない、という経験をした人は多いと思います。

胸郭を使ってストロークするというのは経験則からだけでは導き出せない方法だと思います。プロのレッスンを受ける、あるいは本や雑誌を読んで試してみたらうまくいった、という流れでもないと、馴染みがないのでやろうとも思いません。ちょっとやってもうまくいかないからやめるという類の話になりがちです。

ゴルフの場合、フォームは演繹法、感覚は帰納法で培っていくべきものです。ただし、フォームが決まらないことには感覚が生かせません。ですから、早くうまくなるには、まず胸郭を動かすフォームを定着させることが大事です。

⑦ 胸椎支点で動けなければ左肩支点にする

上半身と下半身を分離して動かせるかがポイント

胸椎を支点に胸郭を動かして振り子運動ができると、頭や下半身を動かさずにストロークできます。「パットでは下半身を使わない」と言われる所以ですが、下が動いてしまう人も多いです。これは上半身と下半身を分離できないことが原因です。要はフィジカル的な問題。たとえば加齢などによって分離できなくなっている可能性があります。

判定するにはテストをやりましょう。頭を壁につけてストローク、胸だけ動かしているつもりなのに上体や下半身が動いたらアウトです。もっともキツいのはお尻の位置を変えずに胸郭だけ動かすこと。これができれば胸椎支点でストロークするべきです。

テストの結果がアウトだったら支点を左肩にしてみましょう。左肩支点なら誰でも動ける。肩甲骨のスライドは入りますが胸郭だけ動かすよりは楽です。

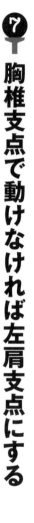

上半身と下半身を分離して動かせなければ左肩を支点にする

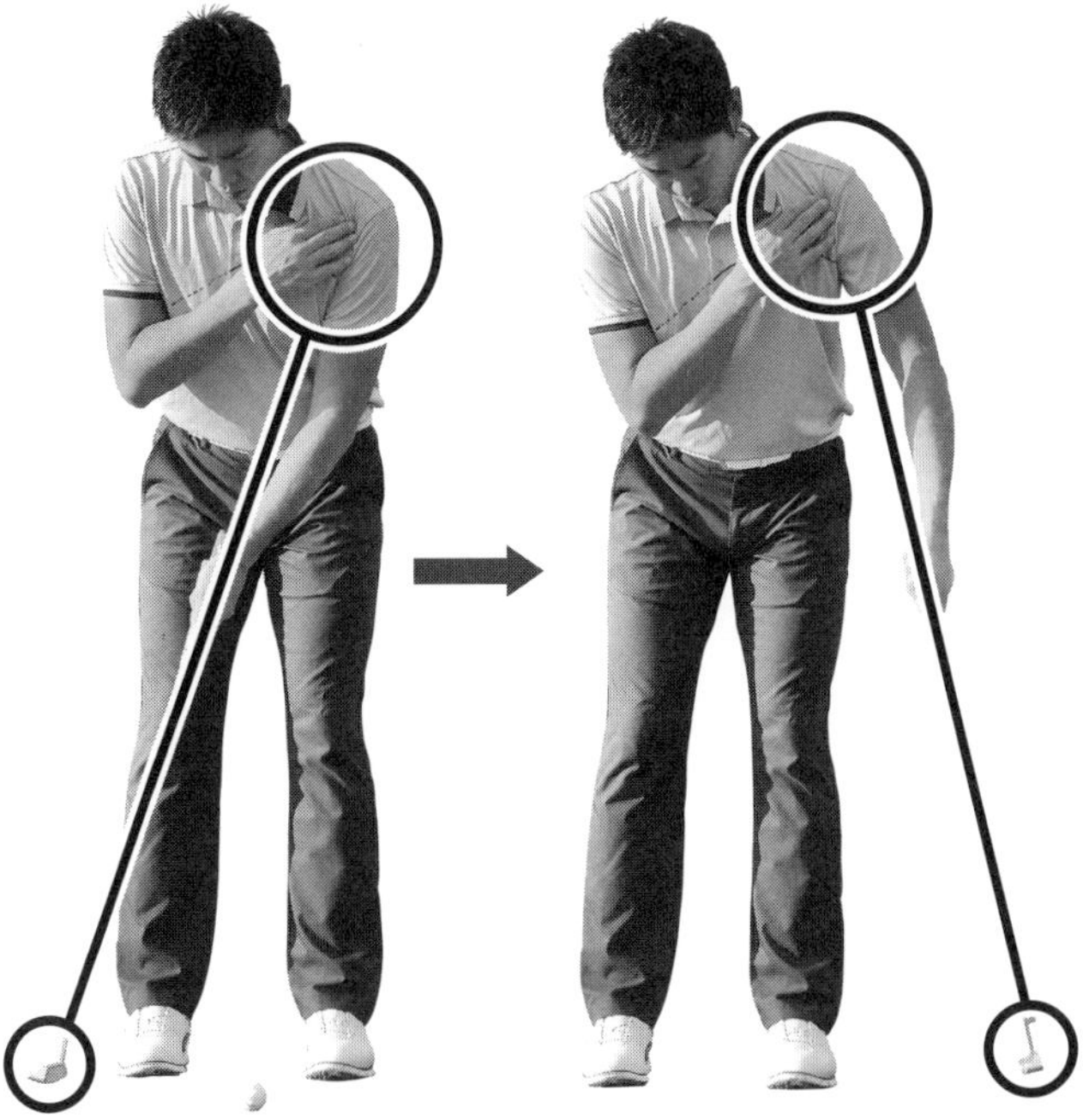

頭を壁につけてストロークし、上体や下半身が大きく動いたら胸椎支点は難しい。上と下を分離して動かせないので支点を左肩にして動いてみよう

⑧ 腕は固めて支点から ヘッドまでを一本のシャフトにする

腕を固めて使うと両手の一体感が出る

胸椎、左肩、どちらを支点にストロークするにしても、腕をシャフトにするイメージが必要です。グニャグニャのロープではなく、支点から先を長尺パターのシャフトにする。固めると理解していただいてもいいでしょう。リラックスして腕がフニャフニャになっているよりはパターを強めに握って腕全体を固くし、そのままの形で動いたほうがワキも締まって体と同調できると思います。腕を固めて使うと両手の一体感も出ます。パットではよく、右手で打つか、左手で打つか、といった議論がなされますが、いずれにしてもヘッドだけが走るというのはやってはいけないことです。軌道もフェース向きもコントロールするのが難しくなるのでジョイント部分の手首を使わないことが大前提です。

腕全体を固くして、そのままの形で動く

リラックスしすぎて腕がフニャフニャになっているよりも、パターを強めに握って腕全体を固めたほうがワキが締まって体と同調して動ける

9 ストローク軌道は楕円派と直線派に分かれる

センター支点はイン・トゥ・イン、左肩支点は真っすぐ

パットではヘッドの軌道も大事です。真っすぐ動いてもイン・トゥ・インに動いてもいいですが、オーソドックスなのは振り子のストローク。センター支点で打ちますから若干フェースの開閉が入ってイン・トゥ・インになるのが普通です。

これに対し、左肩が支点だと真っすぐの軌道になります。もちろん、ずっと真っすぐ動き続けるわけではなく、あくまで意識下の問題です。毎回同じ動きができれば、どちらでも構いません。

中には両ヒジを外に張り、腕と肩でできた五角形をキープしてストロークする人がいますが、これだと腕だけで打つ感じになります。直線軌道で打ちたい人には、ありと言

えばありですが、私はおすすめしません。

腕や手の動きが入らないと真っすぐ引いて真っすぐ出せない

プロも楕円軌道派と直線軌道派に分かれますが、いまは楕円軌道派が圧倒的に多いです。直線派はブライソン・デシャンボーやアレックス・ノーレンといった選手です。

直線軌道で打つ場合、腕や手の動きが入らないと真っすぐ引いて真っすぐ出すスタイルになりません。ちょっと不自然な感じにはなりますが、前述したように上半身と下半身を分離して動かせない人にはいい。できるだけ肩や手首の関節をパッキングしたほうがシンプルです。

ストローク軌道をどうするかという問題なので構え方自体を変える必要はありませんが、五角形は楕円軌道派には向きません。やりやすいかやりにくいか、最終的には動いてみて判断していただければいいと思います。

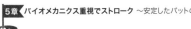

楕円軌道のストローク

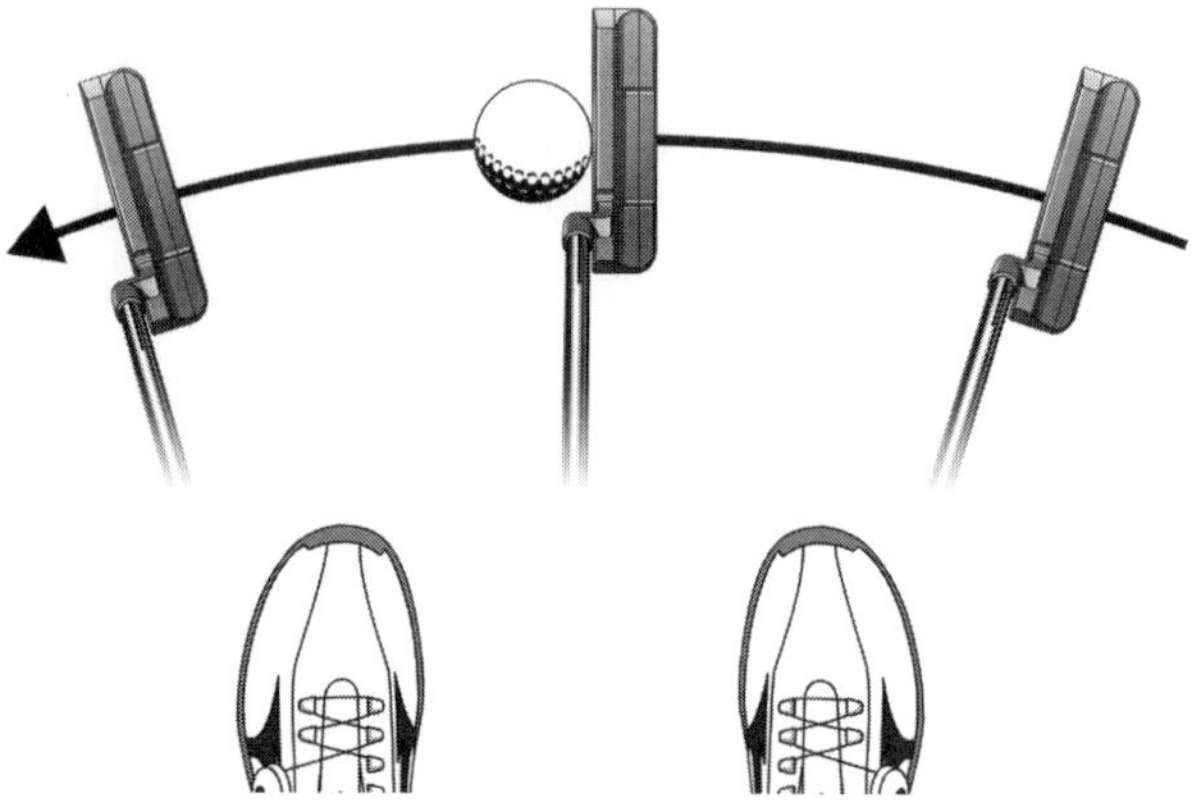

胸椎を支点にストロークすると支点が体の真ん中になるためヘッドの軌道はイン・トゥ・インに。フェースは開閉する

下半身は動かず上半身だけ動く

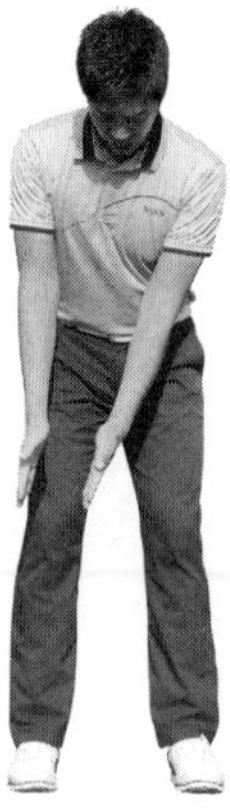

下半身と上半身を分離して動かせるとストローク中に下半身が動かない。支点が体の真ん中にきてヘッドは明らかな楕円軌道を描く

直線軌道のストローク

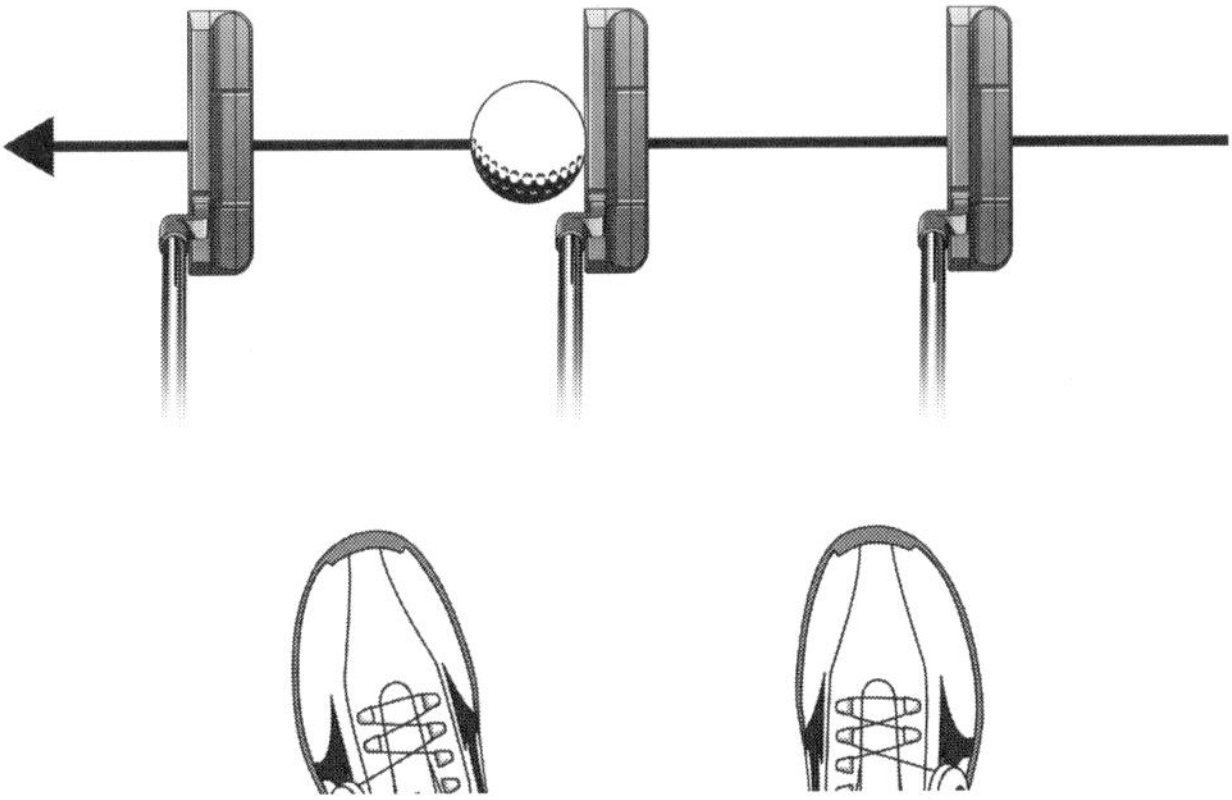

左肩支点でストロークするとヘッドの軌道は真っすぐに近くなる。厳密に言えばヘッドが大きな円弧を描くがイメージには真っすぐ

左肩支点や五角形パットは真っすぐ

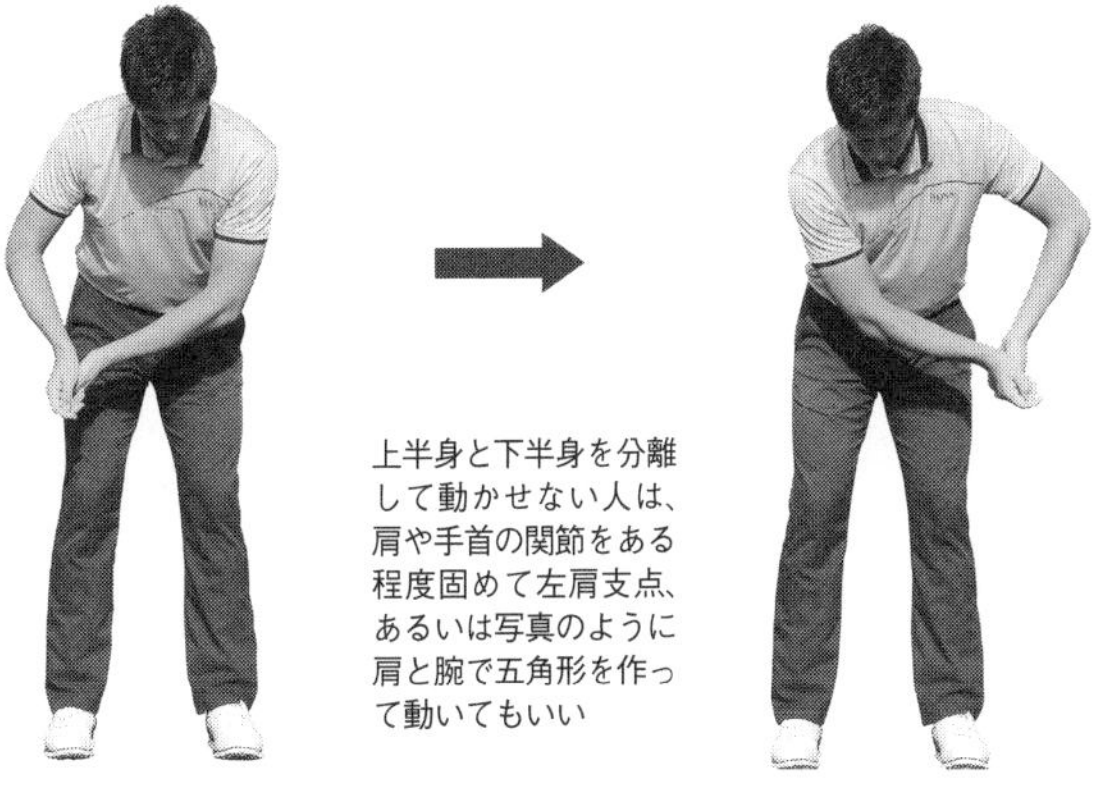

上半身と下半身を分離して動かせない人は、肩や手首の関節をある程度固めて左肩支点、あるいは写真のように肩と腕で五角形を作って動いてもいい

10 バックスイングは適当に上げればいい

プロはフォローサイドや距離のことばかり考えている

パッティングストロークでもっとも難しいのは切り返しです。バックスイングからダウンスイングに移るトラディションです。この入れ替えがスムーズにいかないとインパクトが強く入ったり緩んだりします。

アマチュアの方の場合、バックスイングサイドを意識する人が多い。「真っすぐ引こう」とか「インサイドに上げよう」といった具合です。プロは逆で、フォローサイドや距離のことばかり考えています。

ここでバックスイングサイドとフォローサイド、どちらを考えたほうがスムーズに切り返せそうか考えてみてください。動いてみるまでもなくダウンスイングからフォローのイメージがないと切り返しづらい。バックスイングは適当に上げればいいのです。

フォローを考えたほうがスムーズに切り返せる

ダウンスイングからフォローのイメージがないとスムーズに切り返せない。バックスイングのことばかり考えている人はすぐに直そう

11 カップに対してボールを投げるような感覚で動く

アマチュアは打つ前に考えることが多すぎる

インパクトで打つ意識があるとヘッドがボールのところで止まるので、ストロークで打つことができません。

これを解消するにはフォローを大きくすることです。バックスイングを小さくしてフォローを大きくすればヘッドがボールで止まりませんから、そのイメージを用いて矯正するわけです。

また、テークバックを入れずにフォローだけでボールを打つ練習もインパクトの強さを一定にするのに有効です。双方ともインパクトで止まる人への対策になります。

大前提として、アマチュアの方は打つ前に考えることが多すぎます。パットの動きがいくら小さいとはいえ、いっぺんに3つも4つものことはできません。フェースの向きもヘッド軌道も大事ですが、いずれにしても結果的にそうなること。考えたところでよくなるものではありません。逆に注意散漫になって、何一つできないことにもなりかねませんから、意識するポイントは極力減らすべきです。

コースでは右脳的な思考に頼らなければいけない

理想は何も考えずカップに対してボールを投げるような感覚で動くこと。意識をターゲットにもっていきたいのです。そうするにはボールのスピードやカップに転がっていくイメージは絶対に必要です。だからコースでは、右脳的な思考に頼らなければいけないわけです。

反対に練習では左脳的な思考で作業を行います。それでも、ラウンドで打つときに左脳的なこと（打ち方に関すること）を考えるとしたら一つだけです。それ以外のことは一切考えず、距離感やボールがどう転がるかイメージを膨らませる。この切り替えがうまくできないと練習も感覚も生かせません。

⑫ メカニカルに動くことに徹する

1メートルを毎回同じところに止められるようにする

思った通りに動けないということは、脳から体への伝達がうまくいっていないということです。原因はいろいろですが、やはり気持ちの問題が一番大きいと思います。

これを未然に防ぐには、バイオメカニクス重視でメカニカルに動くこと。極端に言えばメンタルを挟まないようにすることです。

具体的には、1メートルでいいので、毎回同じところにボールを止められるようになりましょう。短い距離ですが10球打って10球同じところに止めるのは容易ではありません。2メートルならなお難しい。以前、あるシングルさんに「2メートルをカップの30センチオーバーに止めてください」と言ったら半分くらいしかできませんでした。

そんな人が10メートルを練習する必要はありません。まず2メートル、いや1メートルでいい。インパクトの強弱ではなく、ストロークのスピードを変えずに打って止めましょう。やり方はこの章で説明してきた通りです。

1～2メートルがコントロールできなければその先には行けません。逆に言うと1メートルでも距離感を養うことはできるのです。

口で唱えながら動いてストロークテンポを一定にする

言うまでもなく、ヘッドの動きが大きくなるとヘッドスピードがアップします。距離感を出す際に振り幅から入る人もいますが、ストロークのテンポが大きくズレるとスピードが変わってしまうので、まずはテンポを揃えましょう。

ヘッドを動かすのは体ですから、どのテンポで体を動かすかが重要です。歩くテンポに合わせてもいいですが、口で唱えながら動くのが一番だと思います。声に出すと心地よいテンポで動けるので、それを基準にして、振り幅が変わってもテンポが変わらないように心がけてください。

テンポがズレるとストロークスピードが変わる

人それぞれに心地よく動けるテンポがある。口で唱えながら動くと速すぎたり遅すぎることなく動ける。振り幅が変わってもテンポは変えない

10メートルより1メートルの練習が重要

1メートルのパットを同じ位置に止められなければ10メートルを練習する必要はない。短い距離でいいのでインパクトの強弱でなく、ストロークスピードを変えずに打って止められるようになろう

ボールスピードがわからないとラインも距離感もない

振り幅と距離の関係はグリーンによって変わるので悩ましいところですが、自分の基準となる振り幅、たとえばパターマットで2メートル打ったときの振り幅を目安として測っておいたり、動画で撮影しておくのはいいと思います。

ただ、5メートルや10メートルになったらザックリでいい。入れようとするのはよくありません。なぜなら、カップインするとジャストタッチでコロンと入ったのか、強めの壁ドンなのかボールのスピード感がまったくわからないからです。平らなところでコースターなどの目印を置き、どれくらいオーバーしたかチェックしましょう。

ラインはボールスピードによって大きく変わります。まずはボールスピードありき。でないとラインは読めませんし距離感も出ません。

chapter 6

6章

なぜパットではさまざまな握り方をするのか？

～グリップで手首の使用を抑える～

❶ なぜパットではさまざまな握り方をするのか？

パットの再現性を高めるうえで厄介な手首の動き

グリップはパットにおいて大きな悩みのタネです。プロでさえいろいろな握り方を試しているのがそのあかしです。

どんなグリップについても言えるのは、人間の体の構造から考えるとヘンテコりんな握り方であること。パッティングしたことがない人がパターを持ったら、誰もがバットを握るように持つと思いますが、ベースボールグリップで握っている人は極めて少ないのが現状です。

なぜこんなことになるのかと言えば、毎回同じスピード、同じ転がりのボールを打ちたいから。そのためにはボールをヒットするにあたり、「こう動かしたい」、とか、「こう動かしたくない」という欲求が出てきます。それを満たす対策の一つがグリップということです。同じスピード、同じ転がりのボールを打つのを阻む最大の原因はストローク中に手首を使うことです。

手首は器用に動きますから、そこだけ使ってもボールは打てます。反面、無意識に動いてしまったり、意思が過敏に反映されるところもあります。

こうなるとパターヘッドは動きすぎます。パットの再現性を高めるうえでデメリットになるので余計な意思が入らないようにしたい。ゆえに手首の使用を極力抑えようと、いろいろなグリップが出現しているというわけです。

手首を使うと同じスピード、同じ転がりのボールが打てない

器用な手首を使えばボールは打てるが、無意識に動く、あるいは意思が過敏に反映されて再現性が損なわれるデメリットもある

❷ パームグリップで握るのが原則

パームで握ると手首の関節が使いづらくなる

アドレスについて解説した4章では、「前腕とパターを一直線にしてヒジから先を一本のパターにする」とお伝えしました（76ページ参照）。それにも関連することですが、パターはパームグリップで握るのが原則です。

ショットではおもにフィンガーグリップを用います。指の関節にクラブを引っかけるようにしてから握るスタイルですが、これは手首の関節を使ってヘッドスピードを上げたいから。フィンガーは手首を使いやすい握り方なのです。

これに対し、パームグリップは手のひら側で握るスタイルです。パームで握ると手首の関節が使いづらくなります。

関節を使って道具を動かす場合、関節から遠いところに道具があったほうが関節は使

前腕とパターを一直線にする

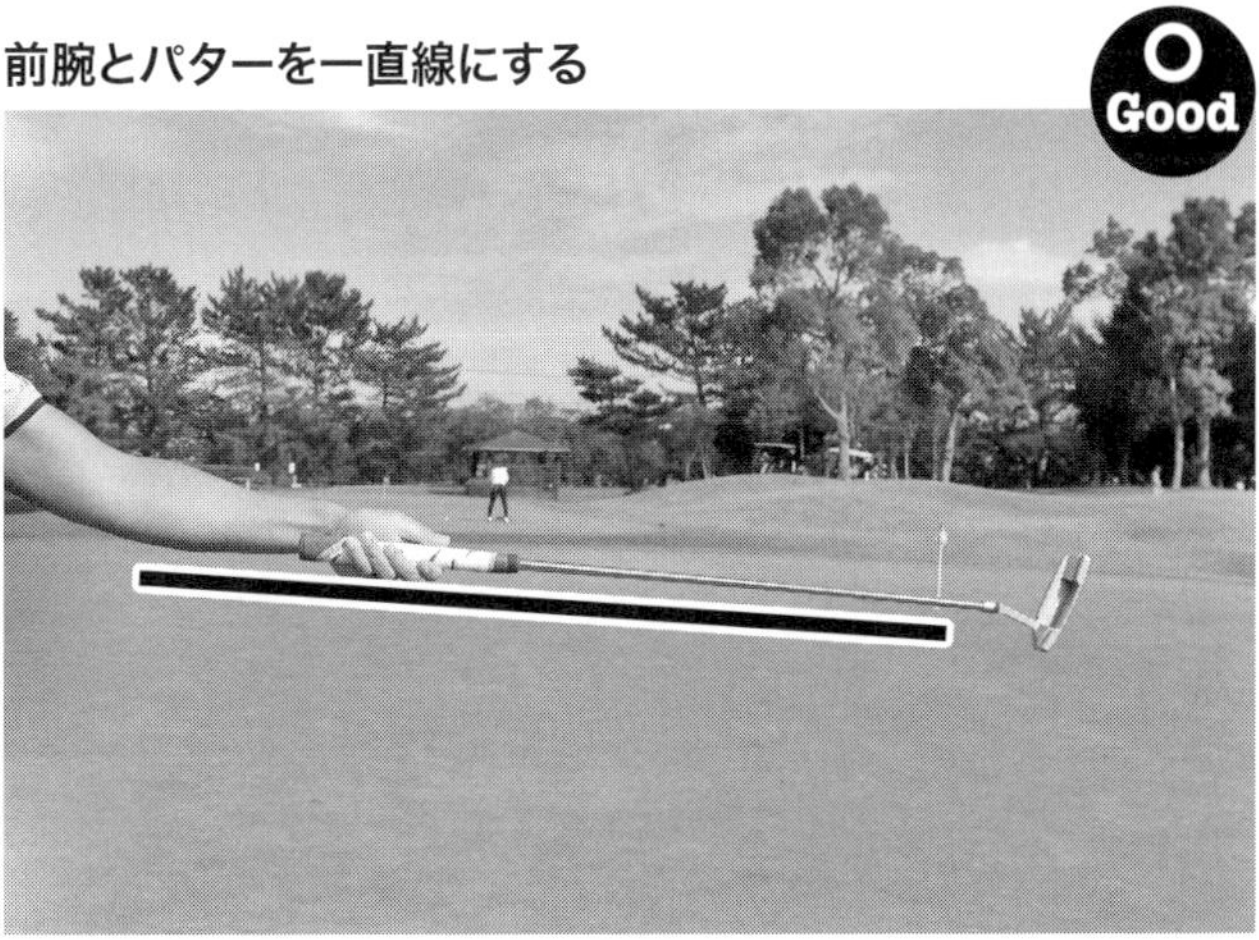

手のひらで包むように握るパームグリップだと手首に角度をつけず、前腕とパターが一直線になるように持てる

フィンガーだと手首に角度がつく

指の関節にクラブを引っかけるように握るフィンガーグリップは手首の関節を使いやすい。ショットではいいがパットには向かない

いやすくなります。距離的にはわずかな違いですが、バイオメカニクス的に見ると、フィンガーグリップよりもパームグリップのほうが、手首は使いづらいということになるわけです。

フェース面の向きを保ちつつ毎回同じ動きがしやすい

前述したように、パットでは極力手首の使用を抑えたい。そう考えると断然パームグリップが向いています。

グリップした段階で手首に角度がつきづらいので、ヒジから先を一本のパターにしやすくなります。

また、手首の関節を使わなければヘッドも走りませんから、フェース面の向きを保ちつつ毎回同じ動きもしやすくなります。飛ばす必要がなくパットで再現性を高めるにはパームしかないと言っても過言ではないでしょう。

指一本分グリップエンド側を余らせて握る

パターを目いっぱい長く持つとヘッドの動きが不安定になりやすい。また短すぎると屈みすぎなど構え自体に影響するのでグリップエンド側を指一本分くらい余らせて握る

パームならフェース面の向きを保って毎回同じように動ける

パームで握ってヒジから先を一直線にすると、手首の関節を使いづらくなりヘッドの動きが一辺倒になる。フェース面の向きを保って毎回同じように動ける

③「手首を使う」とは右手首を使うこと

グリップで右手の存在感を薄めて左手を使うことを模索

「パットで手首を使う」という場合に指す手首とは、ほぼ右手首のことです。

利き手の右手は器用で使い勝手がいいため、意識する、しないにかかわらず出しゃばってきます。それによって左手首も動く。これが手首を使うということです。ボールを右に押し出したり、左に引っかけるのも右手の仕業です。

右手の出しゃばりを抑える手っ取り早い方法は、左手でパターを動かすことです。手先の感覚は左手もそれなりに鋭敏ですが、動かすとなると利き手の右手に比べて鈍感ですから余計なアクションは出づらくなります。

ということで、いろいろなグリップは、右手の存在感を薄めつつ左手を使うことで両手を一体化させることを目的としています。

右手が出しゃばると手首を使うことになる

器用な右手は意識しなくても出しゃばって勝手に仕事をする。これに左手首が呼応して手首を使うことに。鈍感な左手でパターを動かすと右手の出しゃばりを抑えられる

❹ 右手の使用を抑える代表的な2つのグリップ

クロスハンドにはメリットがいっぱい

右手を使いすぎないグリップの典型と言えるのが、右手を上、左手を下にして持つクロスハンドグリップです。かつては変則と言われましたが、いまやノーマルグリップと双璧をなすほどの存在です。

やってみるとわかりますが、クロスハンドだと手首が折れません。左手主体のフィーリングになるため、右手が追従する形になって出しゃばってきません。さらに、左腕とパターが一直線になる感じが出て両者を一体化させて振れます。手首を支点にヘッドを振り子のように動かしがちな人も、左肩支点の手首を使わないストロークになります。

ついでに言っておくと、クロスハンドにはアドレスで重要な目線を補正してくれる一面もあります。ノーマルグリップだとアドレスで右肩が下がって右を向きやすいのですが、クロスハ

右手を使いすぎないクロスハンドグリップ

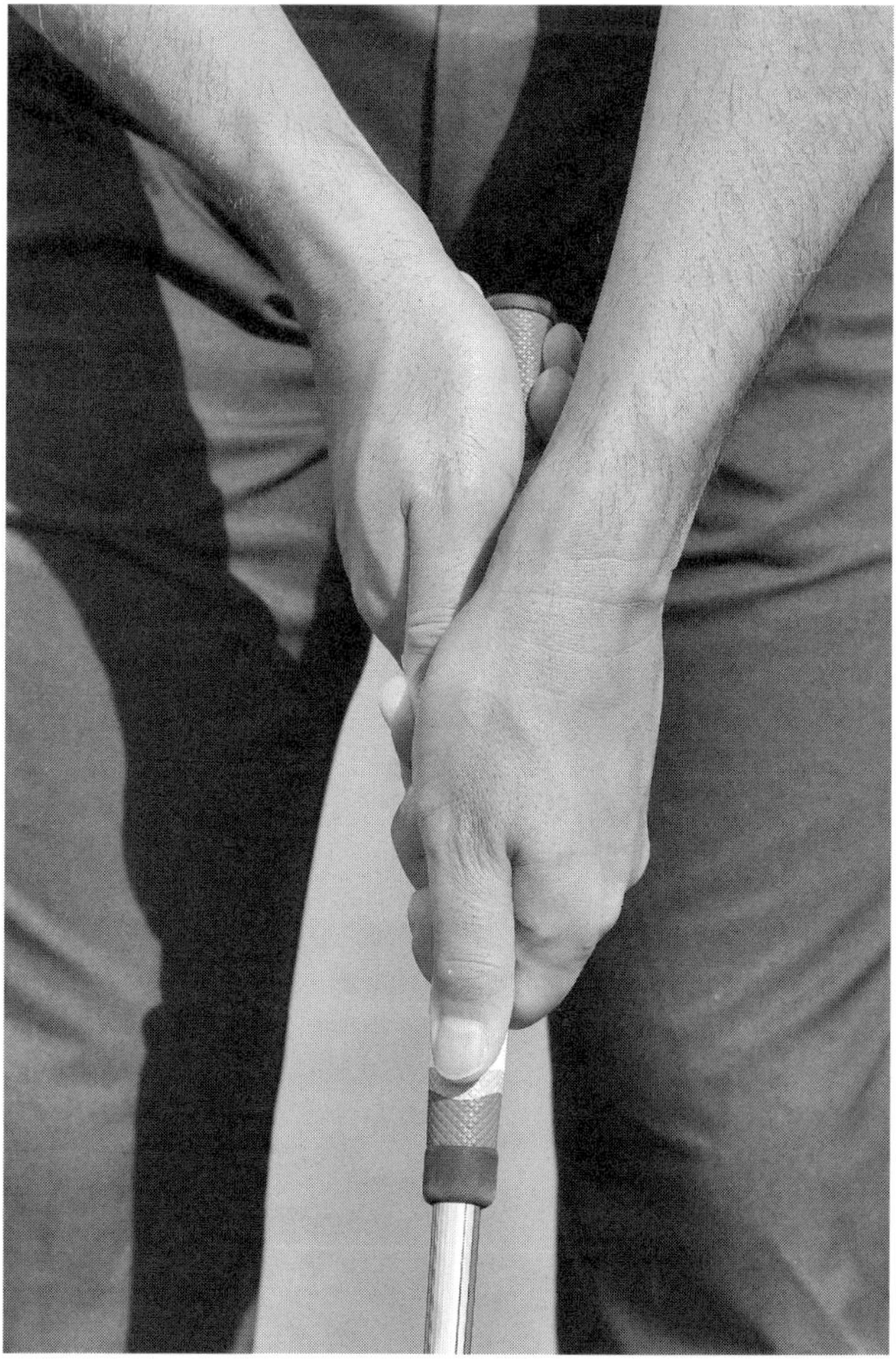

右手を上、左手を下にすることで右手首を使えなくなる。ヘッドの動きを一定にしつつ再現性を高めるにはいいグリップ。アドレスで右肩が下がらないため目線を合わせやすいメリットもある

ンドだと肩の高さが変わらず真っすぐ向きやすくなります。右肩下がりが緩和されることで目線が合わせやすいのです。国内外を問わず、多くのプロがクロスハンドを採用しているのはこのような理由によります。

右手を完全封印するクロウグリップ

右手を使わないグリップの最たるものが、2017年の『マスターズ』覇者セルジオ・ガルシアと同2位のジャスティン・ローズが採用していたクロウグリップです。

握り方にはバリエーションがありますが、おおむね左手は通常のグリップと同じ。これに対し右手はクラブを握らずヨコから添えるだけです。

右手のひらが目標と正対するノーマルグリップでは、プレッシャー下などでフェースを真っすぐ出そうとしたときに開いたり、インパクトが緩みやすくなりますが、これはひとえに右手でコントロールしているから。思いきってパターを握らず添えるだけにしてこれらを防ぎます。右手を封じる意味では現時点で究極の方法かもしれません。

クロウグリップのバリエーション

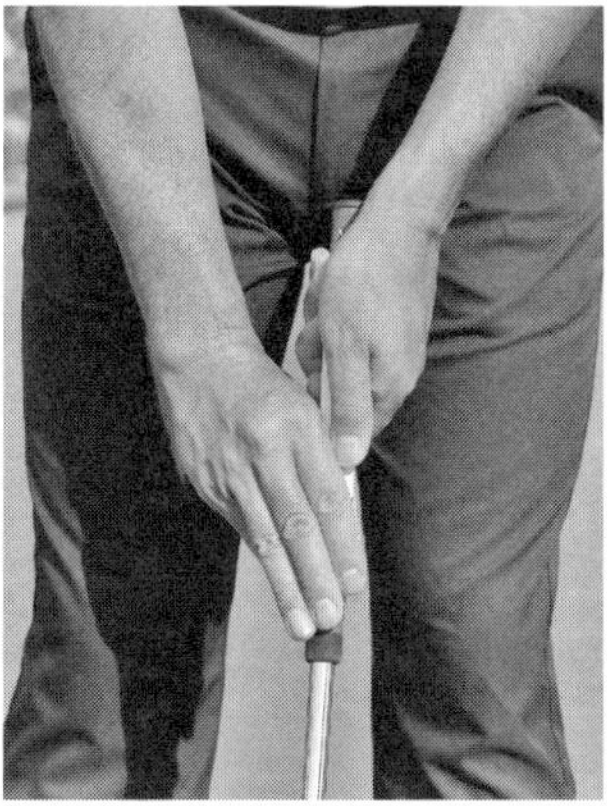
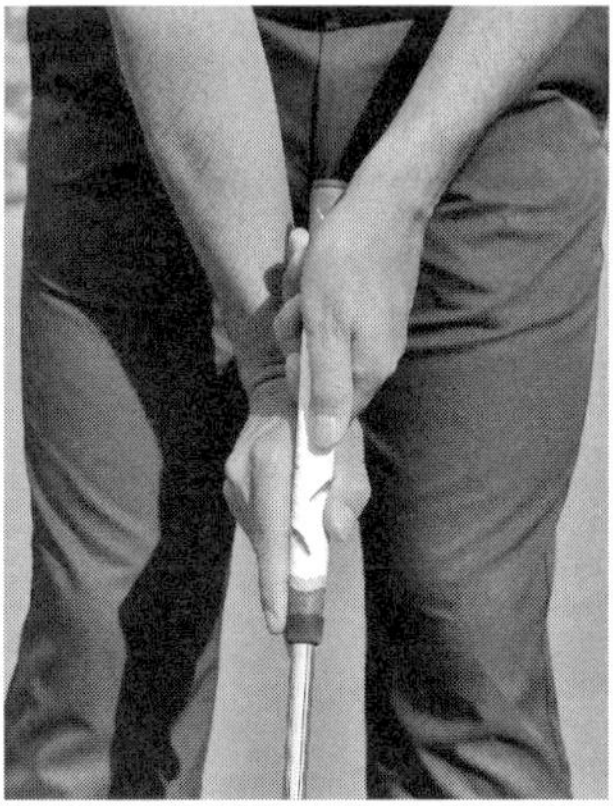

右手は握らず、添えたり支えたりするだけにするのがクロウグリップ。右手を上に乗せる(写真左)、下からペンを持つようにつまむ(同右)といったバリエーションがある

左腕とパターを一体化するアームロックグリップ

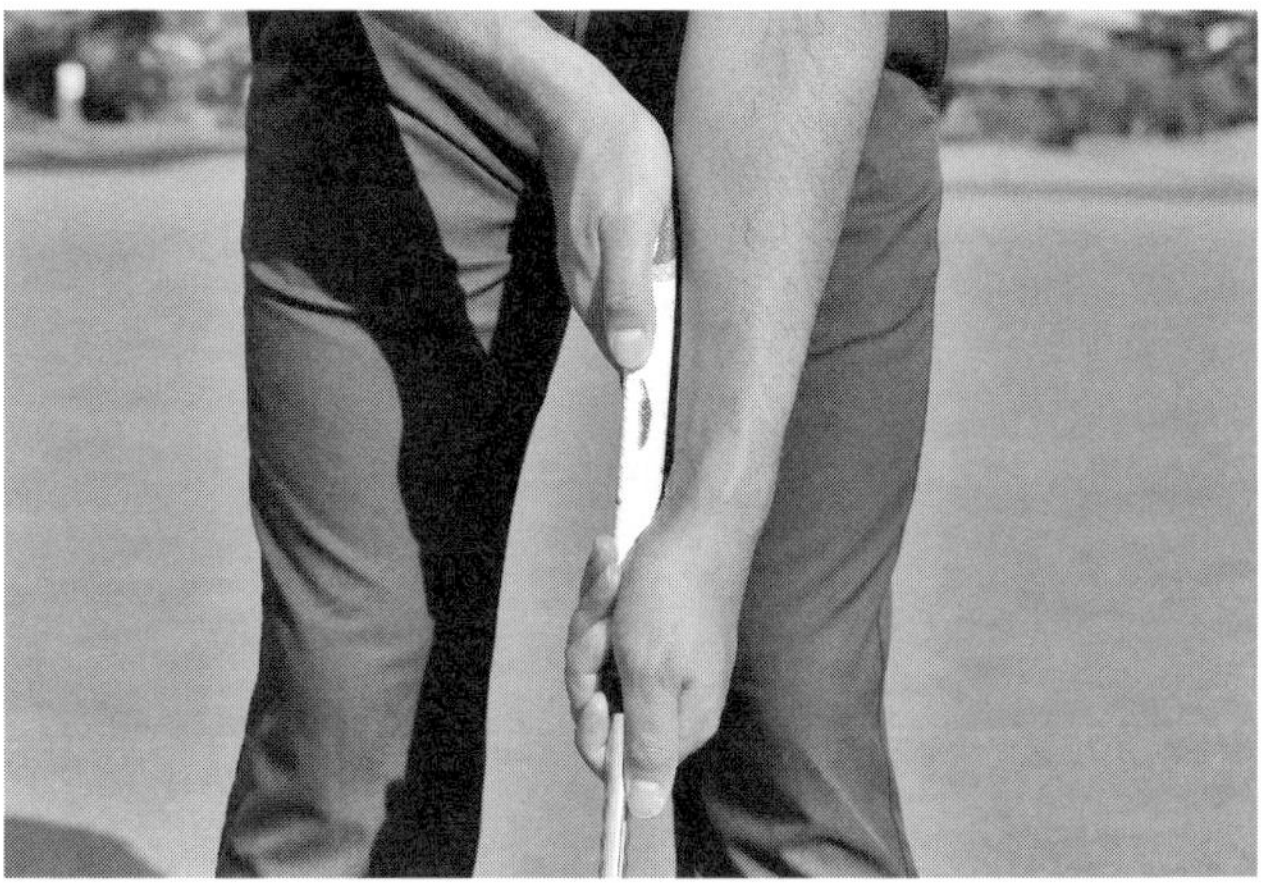

文字通り、左ヒジから先を一本のパターにするためのグリップ。グリップ部分を左前腕の内側に密着させ、その状態をキープしたままストロークする

⑤グリップは伝達部分にすぎない

ストロークの邪魔さえしなければ握り方は問わない

パターの握り方に決まりはないので、前ページで挙げた以外にも多くのグリップがありますが、最終的に握り方はどれでも構いません。ストロークの邪魔さえしなければOKで、パットの行方を左右する主たる要因にはなりません。

というのも、ストロークの動力源は体でグリップは伝達部分にすぎないから。要は余計なことさえしなければいいのです。

ですから、まだフォーマットができていないのに、思い通りに打てないからといって握り方をコロコロ変えるのは本筋から外れています。まずは右手が下にくるノーマルグリップをパームで握るところからはじめましょう。ボールを正確にヒットするには、グリップ部分と手のひらが接する面積を多くしてパターを体と一体化させたい。ヘッドを走らせるわけではないのでなおさらです。

フォームがある程度固まって行き詰まりを感じている方は、現時点での弱点と課題をはっきりさせてください。弱い部分を埋めるという意味では握り方を変えることで効果が見込めます。いずれにしても、グリップの変更はこのような形で取り入れるのがいいと思います。

まずはノーマルなパームグリップからスタート

思い通りに打てないと握り方を頻繁に変えるのは本末転倒。まずはノーマルなパームグリップで握り、ある程度フォームを固める。そこで弱点が見えたら別のグリップを試そう

❻ 手首の使いすぎには太いグリップ

感覚を重視したいプレーヤーには細いグリップが向く

ここでパターのグリップについても言及しておきましょう。グリップの形や長さは好みでいいと思いますが、太さはストロークに影響を及ぼします。すなわち、グリップが太いほど手首が使いづらくなります。手首を使いすぎる傾向のある人は太いグリップを用いるのも手です。

また、アメリカＰＧＡツアーのブライソン・デシャンボーのように、腕とパターを一本の棒のように使うタイプにもいいです。特に左サイドを一体化させて左肩支点で振る人は、クラブと腕が一直線になるイメージが出やすいと思います。

手首を使わない打ち方はできるがタッチが出ない、という人には細いグリップが向きます。タイガー・ウッズが細めなのは右サイドの感覚を使ってタッチを出したいからです。

太いグリップはオートマチック、細いグリップはマニュアル

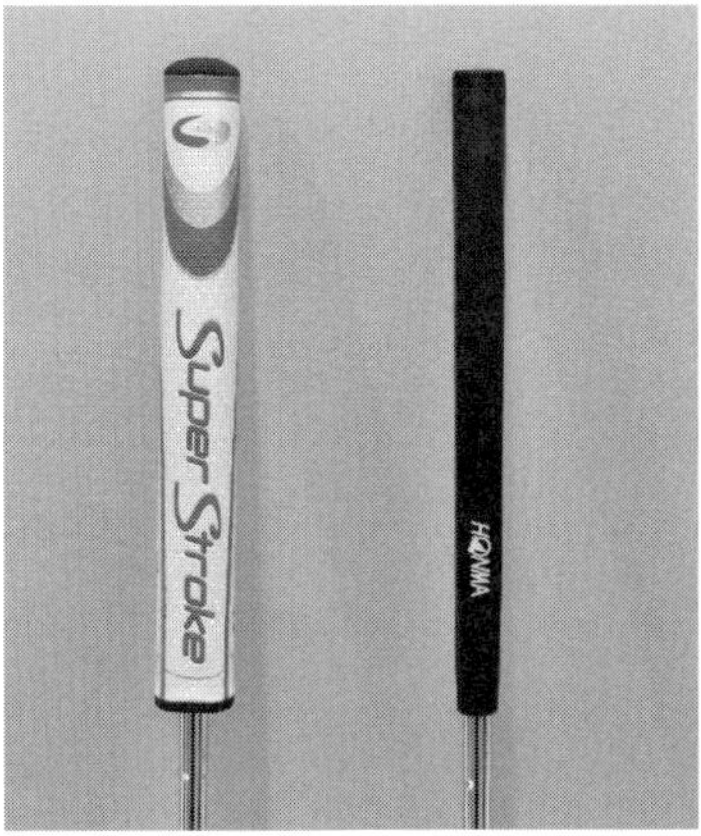

感覚に頼らず同じ動きを反復したければ太いグリップが向く。ヘッドを操作したり、感覚を出したければ細身のグリップが向く

グリップ断面の形状でもパットは変わる

パターのグリップは断面もいろいろ。太いグリップは丸型が多いが、中には前側が平らなものも。形にかかわらずこのタイプはフェースの向きが合わせやすいと言われている

❼ ヘッドはある程度重くないと動きづらい

ヘッドが軽すぎると手首を使って打ちやすくなる

最後にパターの重さについてですが、結論から言うと万人に適した重さはありません。人によって重さの感じ方は異なりますし、打ち方によっても変わるからです。

ただ、振り子の原理でストロークするとなると、ヘッドにある程度の重さがないと動きづらい。重さによって慣性モーメントが発生し、ヘッドが規則正しく動いてくれる面があるからです。これが軽すぎるとヘッドが動きませんから自分で動かす、つまり手先を使うことにつながるので好ましくありません。

重さはグリッププレッシャーによっても変わります。同じ重量でもキツく握れば軽く感じ、緩く握れば重さが出ます。

プレッシャーについて多くのプロはやさしく持てと言いますが、これも一概には言えません。

グリップブレッシャーに影響するヘッドの重さ

ヘッドの重さを感じたほうが一定のストロークになりやすいが、ストローク中にプレッシャーを変えないことが絶対条件。また、重さの感じ方は千差万別なので強く握っても弱めでも構わない。ただヘッドが軽いパターではかなり弱く握らないと重さを感じづらい。逆に重いパターを緩く持つと動きすぎる傾向がある

私は自分なりに重さの感じ方さえクリアしていれば、強く握っても弱めでもどちらでもいいと考えています。

ストローク中にグリッププレッシャーを変えてはいけない

いずれの場合も共通して言えるのは、ストローク中にプレッシャーを変えてはいけないということです。ヘッドの重さを感じられなければ最後まで軽いまま、重さを感じれば最後まで感じたままストロークするべきです。でないとインパクトでパンチが入ったり、緩んだりします。

トータルパッケージとしてのパターがストロークに与える影響については、フィッターではない私が語るべき立場ではありませんが、体の力学から見た場合、人はどんなタイプのパターでも使えます。自分が使っていく延長線上で、自然と道具の恩恵を受けるというのが理想的でしょう。ただし、ヘッドを真っすぐ引いて真っすぐ出すタイプの人がトゥ&ヒールタイプを使うとちょっと扱いづらさを感じるかもしれません。

chapter 7

7章

3パットを撲滅する 11のドリル

ドリル1 カップから30センチの範囲にボールを止める

これまでお話ししてきた通り、寄せるにしろカップインを狙うにしろタッチを合わせることが欠かせません。タッチを合わせるとは、「ここに止めれば、次は絶対にカップインできる」というポジションにボールを運ぶことです。

私はそのポジションを、カップを30センチくらいオーバーしたところだと考えています。どんなラインでも、この距離なら余裕をもって沈められるからです。

これはそのものズバリ、カップから30センチの範囲に止めるドリルです。

カップから30センチの範囲に止められるようになれば、入る可能性を保ちつつ確実に2パットで上がれるようになれます。いまの自分がどれくらいまで打てるのかもチェックできます。目安として10回打って何回30センチ以内に止められるかトライしてみましょう。その際、カップインしたボールはカウントしないこと。思ったよりも寄らない人が多いはずです。それだけ距離感が曖昧だということです。

次は絶対にカップインできる位置にボールを運ぶ

写真ではカップの先40センチほどのところに旗竿を横たわらせ、それにボールを当てないように止める練習をしている。ショートパットなら10回打って10回止めることを目指そう

ドリル2 ファーストパットの位置からワンクラブ遠ざけてセカンドを打つ

カップインすることだけを考えてしまう人にやってほしいドリルです。

まずカップや決めた目標に向かって5メートルなり、10メートルなりの適当な距離のロングパットを打ちます。

次にボールが止まったところまで行き、ボールの位置からワンクラブ（パター）分、最初に狙った目標から遠のいた位置にボールを置き直します。そして、そこからセカンドパットを打ってください。

言うまでもなく、ファーストパットが寄らないとセカンドパットの距離は長くなるばかり。2パットでカップインするには、少しでも近くに寄せなければなりません。つまり、入れることよりも、寄せることに専念するようになります。もちろんカップインした場合でも、ワンクラブの距離に置き直して2パット目を打ちます。

返しのパットを考えて距離を打ち分ける

1

カップや目標に向けてロングパットを打つ。カップインを狙わず距離を合わせる

2

止まったところからボールの位置をワンクラブ分、離れたところに移動

3

置き直したポジションから返しのパットを打つ。ファーストパットの距離が合わないと返しは遠くなるばかり

ドリル3 目標だけを見ながらルックアップして打つ

ショットでは素振りは素晴らしいのに、ボールを前にすると別人のスイングになってしまう方がたくさんいます。そこまで極端ではないかもしれませんが、パットでも同様になりがちです。素振りではスムーズにヘッドを動かせるのに、ボールがあるとパンチが入ってインパクトが強くなる、あるいはボールに合わせにいって緩む人がいます。

距離感が出ない人はインパクトでパチンと打つ傾向が強いのですが、これはボールを意識しすぎているから。ボールを見すぎているからとも言えます。

これを防ぎ、ストロークの中でボールをとらえるようにするには意識からボールを消すことです。すなわち、あえてボールは見ずに目標だけを見ながらルックアップしてボールを打つドリルが有効です。

目標を見ながら打つと誰も〝パチン！〟と打てませんし、目からの情報が体に伝わって距離感も出ます。ボールが転がるイメージをもって打つようにしましょう。

素振りのイメージのまま打てるようになる

パチン！と弾くように打ったり、インパクトで緩むのはボールを意識しすぎているため。ストロークの中でボールをとらえるには意識からボールを消す。アドレスでボールを見たら目標に視線を向けて目標を見ながら打つとボールを意識せず素振りのように打てる

ドリル4 左手一本で打つ

パットは両手で打ちますが、ストロークを安定させるには片手で打つドリルをやるのがおすすめです。

まずは左手一本で打ちましょう。ゴルファーの大多数が右利きということもあり、アマチュアの方のほとんどは右手だけを使って打っています。利き手の右手は器用ですから、いろんな動きが入る。その典型が手首を使って打つことです。すでに触れてきたように、手首を使うとインパクトの強さやフェース向きが不安定になります。また、使わない分、左手も弱くなるため悪循環になります。

その点、器用さに欠ける左手一本で打つと手首を使えません。手先だけで動かすのが難しいですから必然的に体を使ってストロークするようになります。

パットにはさまざまな握り方がありますが、大半は右手の出しゃばりを防ぐ方策。デリケートなタッチが要求されるプロは、アマチュアの方以上に右手で苦労しています。

胸椎支点で打つ

手先を使わず、胸椎を支点にして胸郭を右に回す

下半身は動かさず、支点も変えずに胸郭を左に回す

左肩支点で打つ

左肩に支点を意識し、そこから先を振り子のように右に振る

支点を変えずに肩から先の長い振り子を左に振る。左ワキは空いていい

ドリル5 右手一本で打つ

右手一本で打つドリルも効果的です。やってみるとわかりますが、いくら右手が器用でも一本では手首が使えません。重さのあるパターを右手だけで操るのは難しいのです。その意味からすれば、左手一本で打つのと同等の効果が見込める。すなわち、手首の使いすぎを抑え、体メインのストロークができます。

ただ、左手よりも器用で敏感なことは事実ですから、右手はパターを持っているだけにし、体を動かすことを主眼に練習しましょう。右手を動かしてしまう人は、左手で右手を押さえてあげると体が動くようになります。

パターイップスの人は手先ばかりを使います。そのため、手を押さえて体を動かすように指導すると程なく直ります。末端を使わず体の大きな部分を使えば動くようになるということ。末端部に比べると繊細にできていませんから、プレッシャーがかかってもフリーズすることなく動けるのです。

右肩が前に出ないように右手を振る

左手を右肩に当てたら胸郭を右に回す

右肩を前に出さないように胸郭を左へ回す

手先で振ると体が動かない

左手で右手首を押さえて打つ

右手だと無意識に手首を使うことがあるので左手で右手首をつかんでテークバック

右手首の角度が変わらずに動けば胸郭のターンで打てている

ドリル6 両手のひらでパターを挟んでストローク

パットでは手首を使わないことがポイントになりますが、そもそも手首を使わないということの意味がわからない方もいるかもしれません。体主体でストロークすると言っても、パターを持っているのは手ですから、その存在を完全に消し去ることは不可能と考える方もいるでしょう。

そんな方におすすめなのがこのドリルです。パターのグリップ部分を両手のひらで挟んだ状態で打ちます。打つ前に真っすぐ立ち、ワキを軽く締めて両手のひらの間隔をわずかに空けた体勢を作り、手の間隔をキープしたまま上体を左右にターンさせてみましょう。股関節から上を前傾させて同じように動けばOKです。

このドリルは石川遼プロもやっていましたが、両手でパターを挟んでいるだけなので手は全く使えません。体で動くしかない体勢を作ることで、手首を使わないストロークが体験できます。

両手で挟むと手先は使えない

握っていないので手は全く使えない。胸郭を左右に動かすことでしかストロークできないので必然的に手首を使わなくなる

手のひらを同士を合わせてパターを挟む

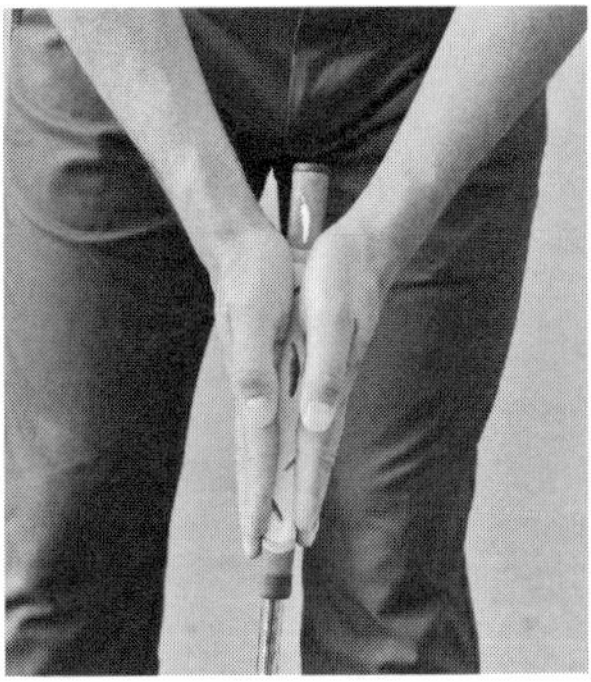

両手のひらでグリップ部分を挟むようにしてパターを持つ

強く握れないのでパターを吊り下げる感じになる

ドリル7 壁に頭、イスの背もたれにお尻をつけたままストローク

ちょっと時間があれば家や仕事場でもできるドリルで、アドレスやストロークのフォーマット作りやチェックに役立ちます。

やり方は簡単で、壁に向かって立ち、アドレスして頭の前の部分を壁につけます。ここで手の位置、股関節から前傾できているか、体重配分は均等かなどをチェック。正しくアドレスできていることを確認します。

それができたら5章でお話ししたように、ストロークするときのイメージで上体を左右にターンさせます。壁につけた頭がズレたり、腰が左右にスエーしてはいけません。可能であれば、背中側にイスを置き、お尻を背もたれにつけてやりましょう。お尻をつけたままストロークできれば合格です。

パッティングには、かなり限定された部分の動きしか必要がないことがわかるとともに、トータル的にフォームを定着させることができます。

胸郭だけを動かすつもりで素振りをする

壁に向かって立ったら頭の前の部分を壁につける。できれば背中側にイスを置き、お尻を背もたれにつける

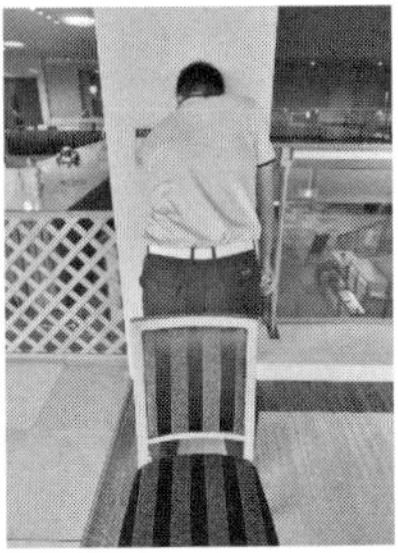

胸椎を支点に胸郭を右に回してバックスイング

支点を変えずに胸郭を左に回してフォローへ

× NG

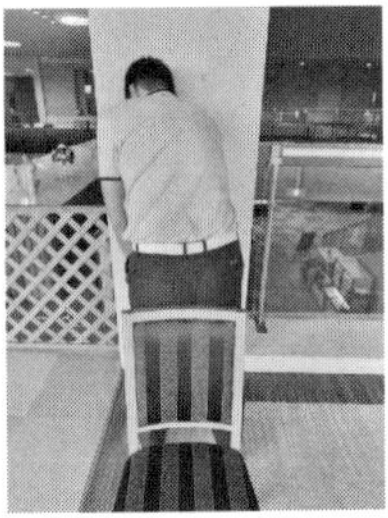

頭が壁から離れる、頭の位置がズレる（右）、イスの背もたれからお尻がズレる（中、左）、といった動きが出たらアウト。上半身と下半身を分離して動かせていない

ドリル8 ボールやティで作ったゲートの真ん中にボールを通す

ここまではおもに時間があるときに行うドリルでしたが、ここからは時間のあるときはもちろん、スタート前にやってもいい即効性のあるドリルを紹介します。

まずはティペグを2本、もしくは打つボールを含めて3個のボールを用意してください。それを持ってパッティンググリーンに行き、ほかのプレーヤーの邪魔にならないグリーン上に、左ページのようにボールを2つ置く、あるいはティを刺します。

2つの間隔はパターフェースの幅くらいが目安です。ボールやティをゲートに見立て、50センチから1メートル手前くらいで打ったボールが2つの真ん中を通ればOKです。

ここではおもにインパクト時のフェース向きをチェックします。打ったボールが自分から見て手前側のボール（ティ）に当たればフェースが閉じて左を向き、奥側に当たれば開いて右を向いているのでアジャストします。ゲートまでの距離を長くするとヘッドの軌道をチェックするのにも役立ちます。

通過させるボールの間隔を徐々に狭める

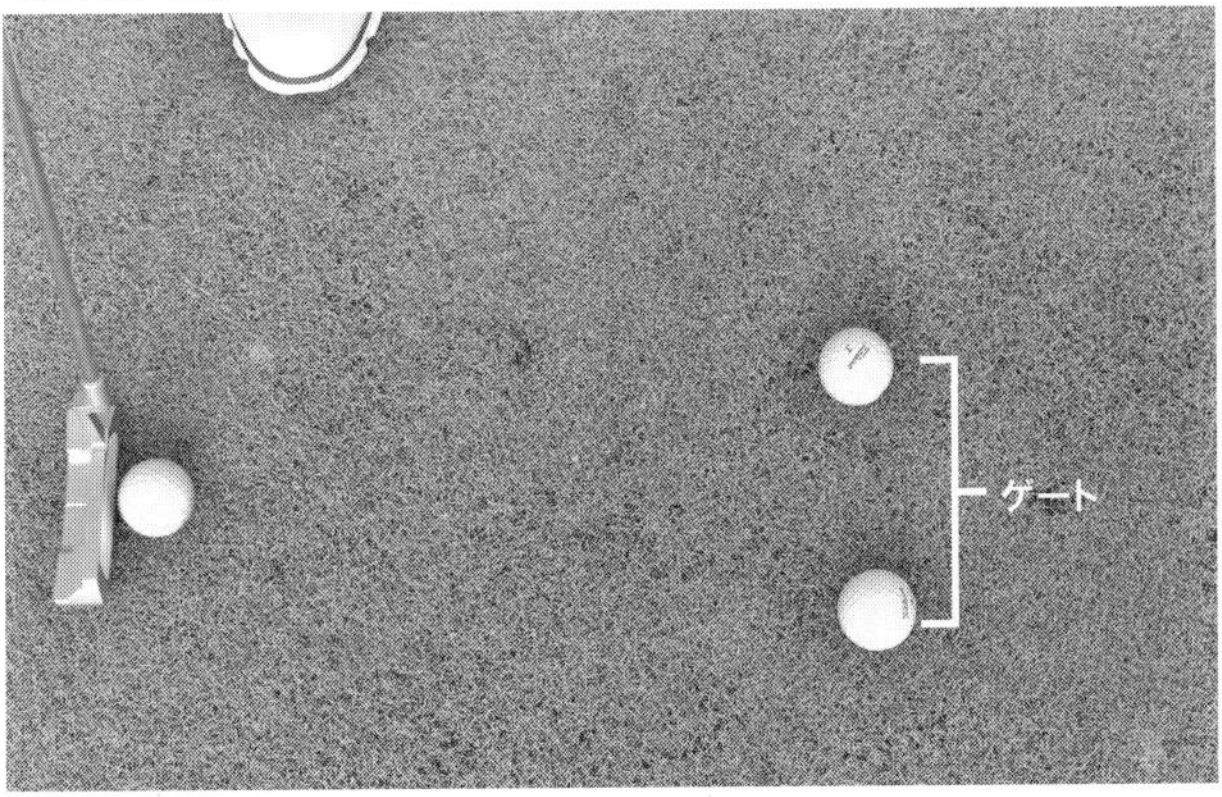

2つのボールの間隔はパターフェースの幅くらい。ボールをゲートに見立てて50センチから1メートルのパットを打って2つの真ん中を通過させよう

手前側のボールに当たればフェースが閉じて左を、奥側に当たれば開いて右を向いているのでスクエアにインパクトできるようにストロークする

ドリル9

打つボールの左右にボールを置いてストローク軌道をチェック

前ページでは2つのボール（ティ）を並列にして、その間にボールを通しましたが、ボールの位置を変えるとストローク軌道のチェックに特化したドリルになります。

やり方は2通りで、ともに打つボールに対し目標方向の左右にボールを置きます。そのうち一つは目標方向のボールを自分から見て左下に、目標と反対方向のボールを同様に右上にズラします（左ページ上）。このボール位置だとテークバックでヘッドをアウトに引きすぎるとボールに当たる。フォローでインに出ても同様です。当たらないように振ることでアウトサイド・インの軌道が修正できます。

もう一つは左右のボール位置を逆にします（左ページ下）。この場合はヘッドが、テークバックでインにフォローでアウトに動く、つまりインサイド・アウトに振るとボールに当たるので、当たらないようにストロークすればこれが修正されます。もちろんボールの位置にティを刺してやっても構いません。

アウトサイド・インの軌道を修正する

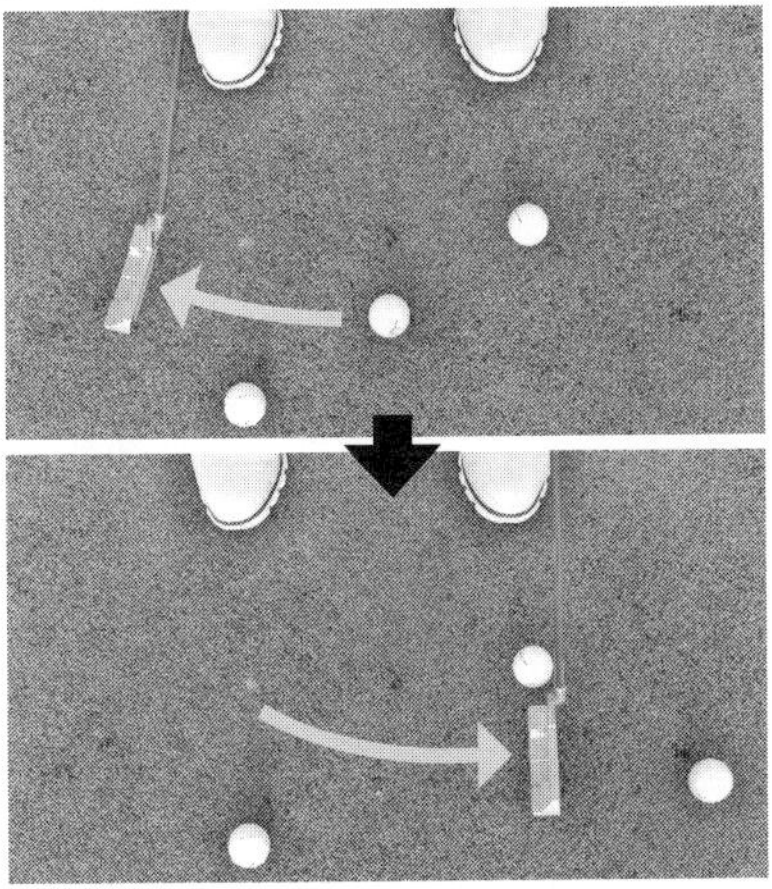

左足前の手前側と右足前の奥側にボールを置いて真ん中のボールを打つ。テークバックでアウトにヘッドを引くと右奥のボールに当たるので、アウトサイド・インのストローク軌道を修正できる

インサイド・アウトの軌道を修正する

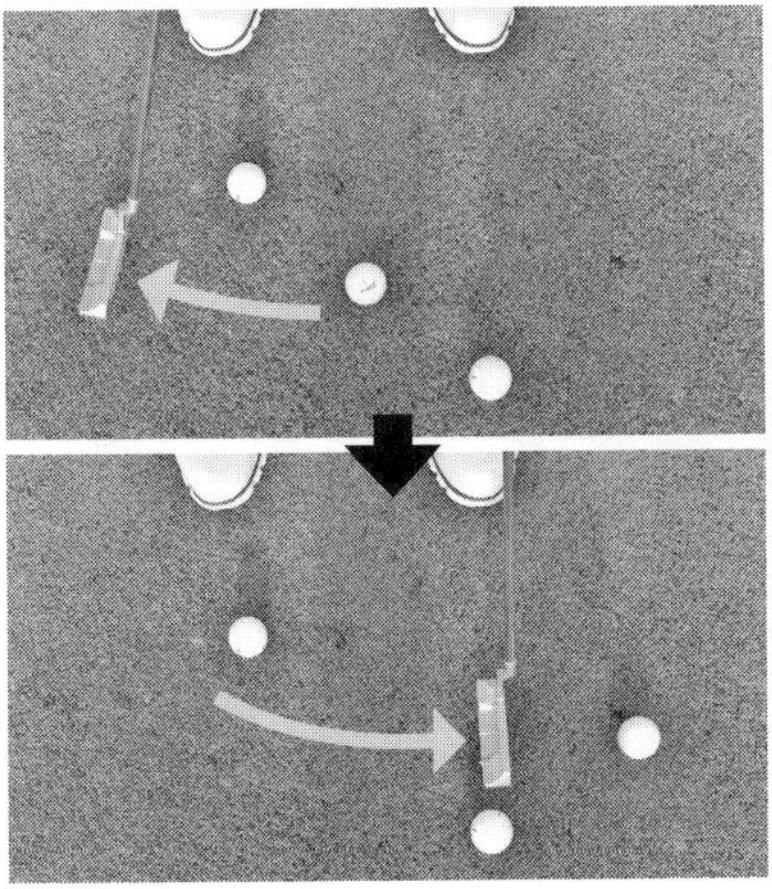

右足前の手前側と左足前の奥側にボールを置いて真ん中のボールを打つ。テークバックでヘッドをインサイドに引くと右手前のボールに当たるためインサイド・アウトの軌道を修正できる

ドリル10

ボールの先に真っすぐなものを置いてストローク

昔から行われているベーシックなドリルですが、パッティングラインに対するヘッドの軌道とインパクト時のフェース向きを確認するのに有効なメニューです。

ヒモやスティック、クラブでもいいのですが、真っすぐに置けるものを用意してください。これを足元に置き、ヒモやクラブの手前側に置いたボールを打ちます。

正しい軌道でストロークできれば、ヘッドがボールを頂点とした緩やかな弧を描きますから、ヒモやヘッドと交差するようには動きません。テークバックでヘッドが交わればアウトサイドに上がってインに抜け、フォローで交わればテークバックでインに引きすぎている。いずれも正しい軌道でストロークできていないことになります。

できればパッティンググリーンでカップなどの目標を設定し、ラインに沿ってヒモやクラブを置いてやりたい。カップに向かって振らず、ラインに対してスクエアなストロークができるようになります。

軌道から外れないようにヘッドを動かす

写真では旗竿を置いているが、クラブでもヒモを張っても真っすぐなラインを示せるものなら何でもOK。バックスイングおよびフォロー側でラインに対してヘッドが交差するようだと正しい軌道で動いていないので、常にラインの内側で動くように振る

ドリル11

カップを中心に360度の方向からショートパットを入れる

スタート前にやると効果的なドリルです。

まず10メートル前後のロングパットをやってタッチを合わせたら、1メートルくらいの短い距離からでいいので、そこからカップインさせます。

これをいろいろな方向からトライしたいので、カップを中心に360度の方向から打ちましょう。パッティンググリーンが混んでいる場合はほかのプレーヤーの迷惑になりますから、適当な目標を見つけて同様にやってください。

フラットなエリアでもいいのですが、できれば多少傾斜のあるところでやるのがおすすめです。1周することで、あらゆるラインを体験できるからです。

やってみるとわかりますが、平らで真っすぐなラインでも百発百中で沈めるのは難しい。傾斜が絡めばなおさらです。基本的にはすべて沈めてほしいところですが、スタート前に嫌な感じを残したくないので、確実に入る距離から打ってもいいでしょう。

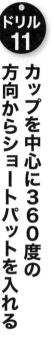

傾斜があればすべてのラインを網羅できる

スタート前に1メートルほどのショートパットをカップインさせる。多少傾斜のあるところでやると、カップや目印の回りを1周することで、すべてのラインを網羅できる

COLUMN

ジャストタッチは30センチオーバー

「ジャストタッチ」と言う場合、一般的には“コロン”とカップインするイメージだと思いますが、私は30センチオーバーくらいがいいと思います。強すぎは言わずもがな、弱すぎると傾斜や芝の影響を受けやすいからです。

“お先に”のパットは30センチ以内でなければやらないほうがいい。プロでも短い距離をマークしますし焦って打つ必要はありません。ちょっとでも変な気持ちになったら絶対にやってはいけません。

ピンを挿したまま打つかどうかですが、カップが見えづらいロングパットはありですが、ショートパットは旗竿に当たってボールが弾かれたり、無意識にピンにフォーカスしてオーバーさせるイメージが湧きづらい一面があるのでちょっと気持ちが悪いです。

chapter 8

8章

3つの曲がり幅をイメージして攻め方を選ぶ

～実戦での考え方とスキル～

❶ ロングパットが入るか入らないかは確率の問題でしかない

ショートパット以外、ヨコの幅はほとんど読まなくていい

3パットをなくすには的確な状況判断も欠かせません。この章では普段アマチュアの方がプレーしているグリーンを対象に、実戦的な思考法やスキルを紹介していきます。

プロがプレーするトーナメントグリーンは固くて速く傾斜もあります。そのため曲がり幅に対して繊細な読みが必要とされますが、みなさんがよくプレーする一般的なグリーンではそこまでナーバスになることはなく、ショートパット以外はヨコの幅はほとんど読まなくていいと思います。

その代わりタテ距離をしっかり把握しタッチを合わせることに時間を使いましょう。もちろんカップインさせようとしなくていい。10メートルのパットなら2メートル以内に寄れば

10メートルのパットは2メートル以内に寄れば十分

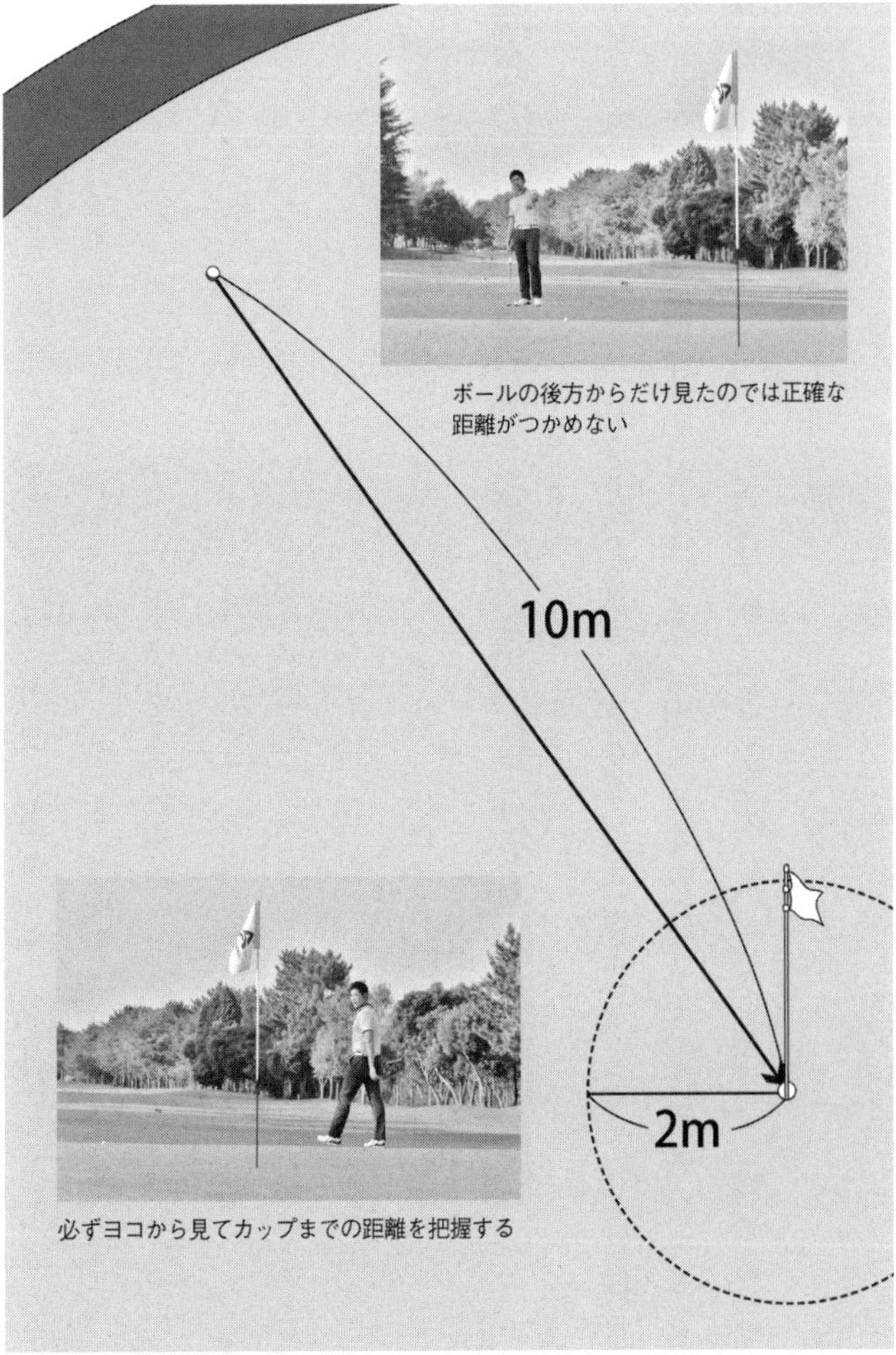

ボールの後方からだけ見たのでは正確な距離がつかめない

必ずヨコから見てカップまでの距離を把握する

いくら気合いを入れてもロングパットが入る確率はアップしない。ボールとカップをヨコから見てタテの距離を正確につかみストロークに反映させよう十分。5メートルなら1メートル以内。それ以下の距離なら30センチ以内です。逆に言うと7割以上の確率で30センチオーバーに打てる距離が、あなたにとってカップインを狙っていいパット。3メートルのパットでもこの確率をクリアするのは難しい。シングルさんでもなかなかいないと思います。

ロングパットが入るか入らないかは確率の問題でしかありません。気合いを入れても、いつも以上に集中しても入る確率が上がることはないので、割り切って冷静に臨むべきです。何でもかんでも入れようと欲をかくことが、失敗を招く最大の原因です。

よほどの傾斜がない限り左右の曲がりはそれほど気にしない

ですから、ロングパットではタテの角度からよりヨコの角度からラインを見る時間を増やして上りか下りかを見極めましょう。カップ側、あるいはボールの後方側からだと傾斜が真反対に見えることがよくありますが、ヨコから見るとわかりやすい。特に低いサイドのヨコから見るとよくわかります。

いずれにしても、よほどの傾斜がない限り左右の曲がり幅はそれほど気にしなくていい。

タテの距離を把握せずに後ろからばかり見るから大オーバーやショートになる。適切なボールスピードで打てないため左右のブレも大きくなるのです。曲がりを読むとしたら、ざっくりとどちらに曲がるかだけ読む。わからなければ真っすぐ打てばいい、くらいの感じでOKです。逆にボールスピードがコントロールできるパットなら、距離はもちろん方向性もしっかり読みましょう。

ボールスピードがコントロールできないうちは寄らないこともあるでしょう。でも、スピードは常にイメージしましょう。そのうちにボールスピードとラインがリンクして、読んだ通りにボールが転がるようになります。

低いサイドから傾斜を見てボールスピードをイメージする

低いサイドのヨコから見ると傾斜がわかりやすいが、大きな傾斜がない限り左右の曲がりは気にしない。傾斜はボールスピードのイメージを出すために読むものと考える

❷ カップでなく止めるところをイメージする

下りは手前で止めるイメージにならざるを得ない

傾斜を見て、上り、下りのジャッジができたら、どう打つかになりますが、アマチュアの方の大部分はカップを中心に考えます。下っていてもカップまで打とうという意識があります。これだと外れれば間違いなくオーバーします。

ポイントはボールをどこに止めるかです。２章で述べた、加速、惰性、減速のパターンを考えると、下りでは加速が少なく惰性で転がる部分が長くなりますから、手前で止めるイメージにならざるを得ません。手前に仮想のカップをイメージしてそこに止める。急傾斜になるほどこのイメージングが必要です。基本的に返しに上りを残したいので、距離をコントロールできるパットなら下りも30センチオーバーでいいでしょう。

加速幅が大きい上りの場合は奥にカップを想定することになります。

下りはカップを狙って外れると絶対オーバーする

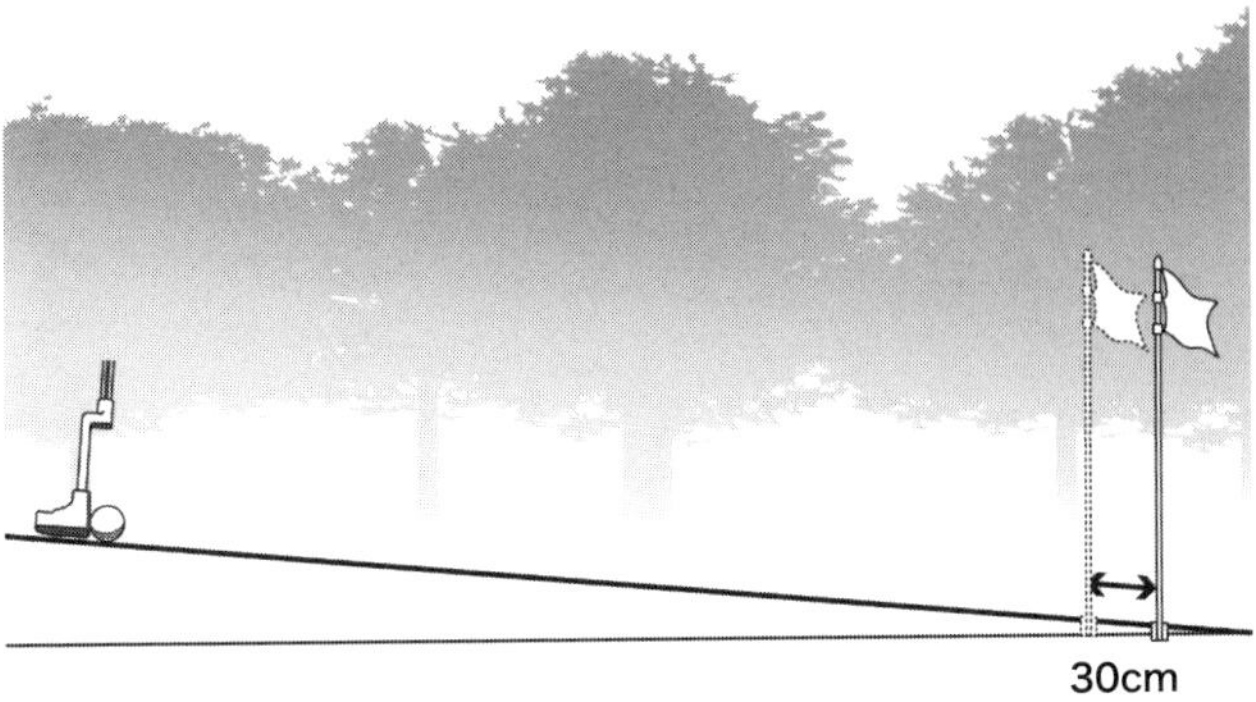

惰性で転がる時間が長い下り。カップを狙って外すと必ずオーバーするので、手前で止めるイメージで打つ。ただし、距離をコントロールできれば30センチオーバーでいい

上りは手前で止まってもOK

加速域が長いのが上りパット。届かせるにはカップの奥に仮想のカップを設けて強めに打つが、オーバーすると下りが残るので手前に止まってもOKのつもりで打とう

❸ スライス、フックは曲がりの頂点をイメージ

3つの曲がり幅をイメージして攻め方を選ぶ

スライス、フックはタッチあってのものですが、その前提で言うなら、どこがブレークする（曲がる）頂点なのかをイメージできているかが重要です。そこがボールを打ち出す方向になるからです。

ただし、打ち出し方向は人によって変わります。やさしいタッチの人は曲がり幅が大きくなりますから、膨らみをイメージしてカップから離れた方向に打ち出すことになります。逆に強めに打つ人は曲がり幅が小さくなるので、カップに対する打ち出し角度も小さくなります。当たり前のことですが意外と頭に入っていないことです。

理想を言えば、大、中、小3つの曲がり幅をイメージしておき、その幅の中でどういくか考えましょう。たとえば下りの傾斜がキツいラインで、Aが一番薄くてBが普通、

スライスラインはカップより左に打ち出す

やさしいタッチで打つ人も強めに打つ人も、スライスラインではカップの左にボールを打ち出す。狙いはいずれもイメージしたラインの頂点。3つのラインをイメージして寄せやすいラインを選択する手もある。ちなみにラインに影響するのは傾斜なので高低の見極めが第一

Cが大きく膨らませるとしたら、セーフティにいくならCでタッチだけ合わせる。上りであまり切れないようであればAでいく、という具合です。

カップを意識するとブレークのイメージが甘くなる

基本的には上りは薄め、下りは厚めに打ちます。アマチュアの方は全般的にブレークのイメージ作りが甘いので、薄めに読むパターンが多い。これは紛れもなくカップを意識しているからです。カップと自分だけがいてその間が抜けているのです。曲がる頂点を含め3点のイメージがあれば曲がる幅が割り出せる。頂点がイメージできれば自ずと厚めに読めるようになります。

また、ラインによってカップへの入り口が変わるので、狙っていいパットでは入り口を考えてもいいでしょう。カップの縁をクルンと回って入るようなところにカップは切らないので、膨らませればカップのヨコ、薄めに読めば正面に近いところが入り口になります。

フックラインはカップよりも右に打ち出す

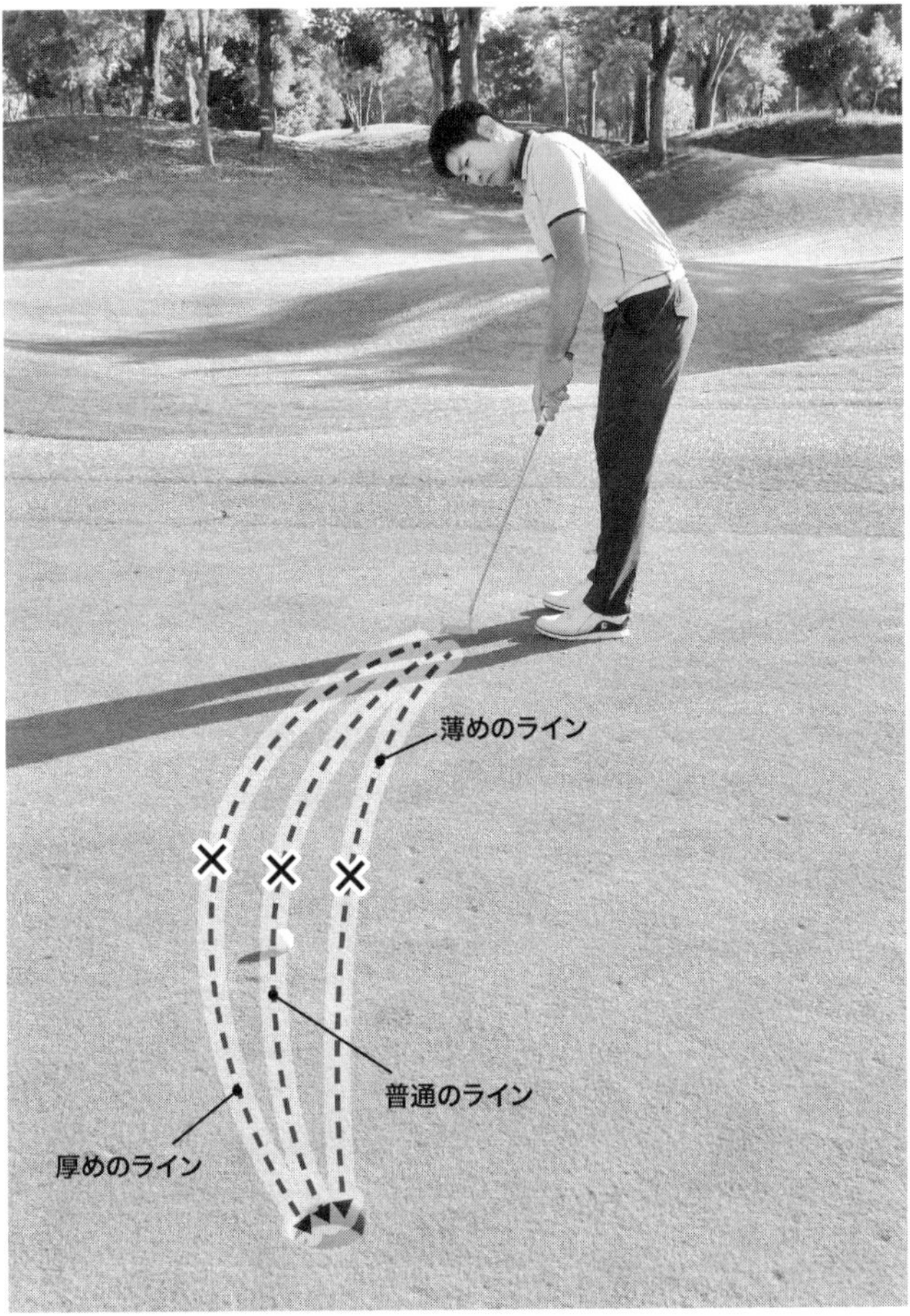

フックラインはスライスの裏返し。どんなタッチで寄せるにしてもカップより右に打ち出す。カップを意識するとラインのイメージが薄くなるので、必ず曲がりの頂点をイメージしてそこに打ち出す。芝目はテカテカで明るく見えれば順目、暗く見えれば逆目だが、目が傾斜に勝つことはない

❹ 構えてから動き出すまでは3秒程度

目線とフェースを合わせてから素振りをすると両者の関係が崩れる

いつも同じようにアドレス&ストロークするには、一定のルーティンを踏み、毎回同じ手順でパットに入るのがおすすめです。

まずやるべきは目線のセットアップです。ラインを読み、打ち出し方向と目標を決めたら、ボールと目標を結ぶターゲットラインと目線を平行にします。目の位置はズレやすく、ズレると目標の見え方が全く変わるのでまずは目線をしっかり合わせます。できたらフェースを目標に向けてセットしましょう。

スタンスなりボールの位置なりは二の次でOKです。ほかの部分をセットアップするときも目線とフェースの関係を変えてはいけません。

また、目線とフェースを合わせてから素振りをすると両者の関係が崩れるので、構えてから素振りをするのは避けるべきです。私はアドレスに入る前にカップに正対して行う素振りを推奨します。すでに触れたように、目標に正対しているほうが距離感はつかみやすいので、その体勢で目標を見ながら素振りをするわけです。

静から動に移る瞬間は一番ミスが出やすい

ときたま素振りの振り幅と実際の振り幅が全く違う人がいますが、それは目標に関係なく自分の動きだけを追っているから。これなら素振りはしないほうがマシです。

それ以降は一つのことだけ考えて臨みましょう。あとは好きなようにやって構いません。アドレスしたまままずっといると、どんどん固まって動けなくなります。静から動に移る瞬間は一番エネルギーを使うところです。なおかつ一番ミスが出やすいところでもあるので、できるだけ固まらないこと。構えてから動き出すまでは、かかっても3秒程度に抑えましょう。固まるということは何かを考えているということです。そんなタイミングでいろいろ思い出したところで何の足しにもなりません。

おわりに

かつてイングランドに行った折に、ローリー・マキロイ、ジャスティン・ローズ、ヘンリク・ステンソンといったヨーロッパツアーの強豪を教えているパッティングコーチ、フィル・ケニヨンを訪ねました。ケニヨンの教えはオーソドックスな振り子打法ですが、彼が選手に伝えていたのは本書で紹介したようなシンプルな内容でした。

その影響でしょう、教え子のローズなどはすごく基本に忠実です。彼のパターを持たせてもらいましたが、すごくヘッドが効いて慣性モーメントが大きく、長尺パターのようにオートマチックに打てる感じ。それをうまく使って体の回転とストローク軌道でボールをとらえていました。タイガー・ウッズのようにパチン！と打つ感じでなく、打点でちょっと止まるような、ゆったりしたリズム。アマチュアの方にとって格好のお手本といっていいでしょう。

ただ、彼らの場合はサムパットラボやクィンテックといったハイテク機器でパターの挙動や

ボールの回転を解析したり、可変式の傾斜マットを使ってアドレス時の目線を入念にチェックする、といったことを日常的に行っています。

アマチュアの方が恒常的にハイテク機器を利用するのは困難ですが、もし機会があったら一度測定することをおすすめします。何となくしかイメージできなかったものを可視化することでイメージが具体的になるからです。イメージをより明確にして練習すれば上達スピードは確実にアップします。

上達には練習が欠かせませんが、本書でお話ししてきた知識を蓄えるだけでもパットは変わってきます。練習時間が取れなければ、まずそこから実践してください。そのうちに知識を蓄えることとスキルの習得がリンクするようになり、どちらかがどちらかをバックアップする体制ができあがる。すると結果は自ずとついてきます。

パットはメンタル面にも大きく左右されますが、知識と技術はそれを凌駕します。どうか、これを忘れずに頑張ってください。3パットはなくなります。

吉田洋一郎

著者
吉田洋一郎（よしだ ひろいちろう）

北海道苫小牧市出身。世界のゴルフスイング理論に精通するゴルフスイングコンサルタント。

世界4大メジャータイトル21勝に貢献した世界No.1のゴルフコーチ、デビッド・レッドベター氏を2度にわたって日本へ招聘し、世界一流のレッスンメソッドを直接学ぶ。また、毎年数回に渡り欧米のゴルフ先進国に毎年数回おもむき、ゴルフに関する心技体の最新理論に関する情報収集と研究活動を行っている。

欧米の一流ゴルフインストラクター約100人に直接指導を受け、カンファレンス等を含めると200人のインストラクターの指導方法を学ぶ。欧米のゴルフティーチングに関する資格20以上を取得。

また、海外メジャーを含めた米PGAツアーへ数多く足を運び、実戦的な試合でのティーチングを学んでいる。最先端の技術を活かしツアープロ、シングルプレーヤーのスイング改善を行っている。

2019年度ゴルフダイジェスト・レッスン・オブ・ザ・イヤー受賞。

主な著書に『驚異の反力打法～飛ばしたいならバイオメカ』(ゴルフダイジェスト社)、『世界のトッププロが使うゴルフの基本テクニック』(マイナビ出版)、『フォース理論で飛ばす！』(日本文芸社)、『ゴルフ　地面反力で＋20ヤード飛ばす！』(池田書店)などがある。

STAFF
◎構成　岸和也　◎本文デザイン　スタイルグラフィックス
◎イラスト　庄司猛　◎撮影　勝又寛晃　◎編集協力　株式会社多聞堂
◎校正　株式会社聚珍社　◎取材協力　本間ゴルフ／取手桜が丘ゴルフクラブ
◎協力　ヒューゴ・ボス・ジャパン／株式会社フォーティーン／
アクシネット・ジャパン・インク

ゴルフ　3パットゼロ！　科学的パッティング

著　者　吉田洋一郎
発行者　池田士文
印刷所　株式会社光邦
製本所　株式会社光邦
発行所　株式会社池田書店
〒162-0851
東京都新宿区弁天町43番地
電話　03－3267－6821（代表）
振替　00120－9－60072
落丁、乱丁はお取り替えいたします。

ISBN978-4-262-16650-6

20000001